教師の心のスイッチ

心のエネルギーを補給するために

菅野 純／著

ほんの森出版

はじめに――先生がもっている心のスイッチ

本書のタイトルに「心のスイッチ」という言葉を使ったのはこんな理由です。

教育カウンセラーという立場から学校の先生方を見ていると、実にたくさんの切り替えスイッチをもっていることがよくわかります。あるときは、やさしい先生から厳しい先生の顔に、突き放して自立心を育てる先生からしっかり心を守りあたためる先生に、教える先生から子どもと一緒に遊ぶ先生に、時には、お父さんやお母さんの役割に、カウンセラーの役割に、ケースワーカーの役割に……。そうしたたくさんのスイッチを臨機応変に切り替えながら、教育という仕事を行っているのだと思います。

また、自分の中にあるスイッチだけではなく、クラスの子どもたち、保護者、そして同僚の心の中にあるスイッチを切り替える手伝いをすることもあります。先生の一言で一念発起する子もいるでしょうし、心の中に元気の素、意欲の素――心のエネルギーが流れだす子どももいることでしょう。

しかし、いま、学校教育をめぐる状況には厳しいものがあります。子どもたちの問題の背景は複雑かつ根が深くなりました。生活することで精一杯で、子どもの教育は二の次三の次となってしまう家庭も増えました。保護者の中には学校に過度の要求や批判的な対応をしてくる人もいます。教師の多忙感も増すばかりです。目の前の指導効率が常に求められ、教師自身もゆとりのない生活を強いられています。

そんななかで、いつしか先生方の心の中に確かにあったはずの心のスイッチの切り替えを忘れてしまい、その日やることで精一杯になってしまったり、小言を言う先生、怒ってばかりいる先生に固定されてしまっていることがありませんか。時には、自分の心にエネルギーを与えるスイッチの切り替えが悪くなってしまい、心のエネルギーが涸渇状態になってしまう場合もあるのではないでしょうか。

＊

教師になろうと思ったとき、あなたはどんな先生になりたいと思いましたか？

子どもと一緒にいっぱい遊ぶ先生になろう、子どもの側に立って考えられる先生になろう、子どもに学ぶことの楽しさや探求することのすばらしさを教える先生になろう……など、さまざまな姿を抱いたのではないでしょうか。

いま、教育が様々な困難を抱えるときは、いまのあなたが「なりたい教師」に向かって歩んでいくための、心のスイッチを切り替えるチャンスなのかもしれません。

本書をお読みくださる先生方や身近な先生方の心のスイッチが、もしも切り替えのなめらかさを欠いたり接触が悪くなり始めたりすることがあったとき、本書がどういうかたちでか解決のヒントになるといいなあと願っています。

そして、先生方が教師生活をますます豊かに生きられるために、ほんの少しでもお役に立てることを願っています。

菅野　純

もくじ

装幀　AtelierZ 高橋文雄　　扉イラスト　岡本愛子

第1章

子どもへのかかわりの二つのエッセンスから

まずはじめに、先生方が子どもの心にはたらきかけるときにどんなことを心がけ、子どもの心の何を育てたらよいか、「児童・生徒理解のエッセンス」「子どもの心へのはたらきかけのエッセンス」をご紹介します。

わが子が元気ではつらつとしていると、親の心も元気になるように、子どもたちの輝く眼差しや真剣に学ぶ態度によって、先生の心にも元気や意欲が湧いてくるのではないでしょうか。

さらに、この二つのエッセンスを、私たち自身の自己理解や自己成長に役立てることもできるのです。その方法を検討してみましょう。

1　子どもと先生を元気にする二つのエッセンス

私は、大学の仕事のかたわら、さまざまなかたちで、先生方の日々の子どもとのかかわりの悩みを聞き、先生方がいま抱えていらっしゃる子どもとのかかわりの困難をどう打開すればいいのかを、一緒に考えることをライフワークの一つとしてきました。いくつかの自治体でのコンサルテーションやスーパーバイズ、講演もその一つです。いくつかの地域で二〇年来取り組んできた、誰でも予約なしに参加できる勉強会では、参加される先生方や保護者の切実な問題が質問として出されます。

そうしたときに、私がお話しするさまざまな対応策の根元にあるのは、いつも、子どもを元気にするための二つのエッセンスでした。これは、私が考えてきた学校カウンセリングのエッセンスであると言ってもいいと思います。

本書ではまず、子どもを元気にするための、この二つのエッセンスをご紹介したいと思います。先生方が元気を取り戻されるのは、子どもが元気で生き生きとしているときではないでしょうか。疲れがたまり、うまくいかないことがあっても、子どもが元気だと、先生方の心に自然にスイッチが入って元気になる――そんな場面を私は幾度となく経験してきたからです。子どもが元気になる道筋を確かめることで、先生方が元気になり〈心のエネルギー〉を補給する道筋のヒントがつかめるのではないかと思うのです。

二つのエッセンスとは、一つは、子どもの心の理解の仕方について、二つ目は子どもの心の育て方です。

①子どもの言葉にならない〈ことば〉に耳を傾ける

子どもを理解するには、子どもの「言葉にならない〈ことば〉に耳を傾ける」ことが大事だということです。いくら熱心にはたらきかけても、子どもの気持ちとズレてしまうと、せっかくのはたらきかけは有効でなくなるばかりか、時には子どもを追い詰めることにさえなってしまいます。

②心の土台をふまえたはたらきかけを

学校教育の中で子どもの心にはたらきかけるときには、その子の心の土台をふまえることが大事です。子どもの心の土台がどの程度完成されているか、その状態は子どもによってさまざまです。心の土台は層構造をしており、ある層を飛び越えたはたらきかけをされると、はたらきかけが根づかないため、教師には無力感が、子どもの側には教師に対する距離感が生じてしまいます。

私は、この心の土台をふまえた子どもへのはたらきかけを、「心の基礎づくり」と名づけています。

まず、この二つのエッセンスについて、少し詳しく説明しましょう。

2　言葉にならない〈ことば〉に耳を傾ける

子どもの「言葉にならない〈ことば〉に耳を傾ける」ことは、児童生徒理解のエッセンスと言ってもよいかもしれません。

子どもは必ずしも自分の心の状態を言葉で的確に表せるわけではなく、問題をもつ子どもほど、言葉と心のズレが大きくなります。「何を考えているのだろう」と理解しがたい行動になったり、そうした行動にこちらが戸惑ったり苛立ったりすることが生じます。結果的に、子どものほうはさらにネガティブな評価を下されてしまいがちです。

困っているとき、「困った」と言える子どもは幸せな子どもと言えるでしょう。悲しいとき、その悲しみを何らかの方法で表現できる子どもは幸せだと思います。

私がカウンセリングの中で出会った子どもの多くは、なかなかそうできませんでした。子どもの「言葉にならない〈ことば〉」を、私は次の四つに分けて考えてみました。

①うまく言えない〈ことば〉

②行動で訴える〈ことば〉

③からだで訴える〈ことば〉

④夢の〈ことば〉

一つ一つの〈ことば〉、つまり子どもの本当の気持ちがどんなあらわれ方をするのか、例を挙げて考えてみましょう。

うまく言えない〈ことば〉

「うまく言えない〈ことば〉」とは、とりあえず言葉で伝えようとするのですが、本心をうまく表現できない場合です。「わかんない」「べつにー」「さあー」といった、あいまいな、そしてこちらの心を苛立たせる言葉になってしまったり、「うるさい!」と拒絶したり、どうでもよいことをぺらぺら言うけれども肝心なことは何も語らない、などです。先生にもっと自分のことを注目してほしい、かわいがってほしいという気持ちが「先生なんて大嫌い」という言葉になって出てしまうこともあります。

また、小さい頃から大人の顔色を見て、言わなくとも相手の言いたいことがわかってしまう子どもたちは、自分の本心ではなく、相手の望んでいることをあたかも自分の本心のように語ってしまうことがあります。

言葉の背後に子どものどんな本心が隠れているのかを立ち止まって考えてみることが必要なのです。

行動で訴える〈ことば〉

「行動で訴える〈ことば〉」とは、子どもの気持ちが言葉の代わりに行動に出てしまうことです。落ち着かない、乱暴するなどの問題行動の背後には必ずといってよいほど「言葉にならない〈ことば〉」が存在していると言っても過言ではありません。手のかかる子どもは「手をかけてほしい」と言っているのです。気になる子どもは「気にしてほしい」と言っているのです。

行動で訴える子どもの〈ことば〉は、案外単純なメッセージであることが少なくありません。「もっと僕に注目して」「もっと私のことを大事にして」「もっとのびのび生きたい」「自分だって輝きたい」「お父さん、お母さんもっと仲良くして」——大人をさんざん悩ませる問題行動の背後にある〈ことば〉は、意外とささやかな願いであることが多いのです。

からだで訴える〈ことば〉

「からだで訴える〈ことば〉」とは、不登校の場合、「学校に行きたくない」という行動の背景にある気持ちが腹痛、下痢、関節痛になるように、言葉にできない気持ちが、からだの状態として外側にあらわれることです。言いたい言葉が、からだの支障として表現されることもあるのです。心の葛藤が全身の「こり」になったり、猛烈な頭痛になったりすることもあります。

どちらかというと、先の「行動で訴える」タイプの子どもと対照的なタイプと言えるでしょう。からだで訴える子どもは、「いい子」が少なくありません。そのために、なかなか心の問題に気づかれないまま、「気持ちのせい」と頑張りを求められたり、医学的な原因探しに時間を費やされたりすることがあります。時には「仮病」扱いされることで心が傷つく子どももいます。

難しいのは、子ども自身も『からだの病気だ」と思い込んで、心の問題にされることを拒む場合があることです。

こうした「からだで訴える〈ことば〉」をもつ子どもの場合には、子どものプライドを大事にし、無理やり「心の問題」としないかかわりが大切です。からだをいたわることが第一にくるべきでしょう。からだをいたわるきっかけとしては、からだをいたわることを通して、心をいたわる――そんな心配りが大切です。

夢の〈ことば〉

「夢の〈ことば〉」は、ちょっとわかりにくいかもしれません。子どもの言葉が空想の世界やファンタジーに入り込み、そこから子どもが発信してくる場合です。子どもの年齢が低ければ、低いほど、現実と空想の境界はあいまいで、簡単に行き来できる状態にあります。イマジネーションの豊かな資質をもった子どもは、現実がつらいとき、思うようにならないとき、夢の世界で過ごす時間が多くなります。

かつては「白昼夢」といった言葉で、子どもの不適応問題の一つとされていました。夢の世界から発せられる言葉は、現実の世界では「ウソ」とみなされ、行動は「奇妙なふるまい」とされてしまいます。

こうした夢の〈ことば〉をもつ子どもに対しては、現実の世界から一生懸命はたらきかけることが必要です。夢の世界を否定するのではなく、現実の世界の〈よさ〉をこそ伝えるのです。

3　心の土台（基礎）をふまえる

子どもたちを指導していて不思議に思われることはありませんか？　「なぜ、同じように教えても、ある子どもには理解が根づいていき、ある子どもにはぜんぜん根づかないのか？」と。

こうした問題は、子どもの理解力など一般に知的能力の問題として理解されがちです。しかし学校で日々子どもとかかわっている先生方は、必ずしもそうした知的能力ばかりの問題ではないと感じているはずです。十分に知的能力の高い子どもでも、何度言っても指導が通じず、繰り返し人の嫌がること、迷惑になることを行う場合があるからです。

あるいはこんな疑問をもたれることもあるでしょう。

部活などで少しハードな練習を積み重ねたりすると、どんどんたくましく成長していく子どもがいる一方で、練習が嫌でたまらなくなり、サボッたり、休んだりしているうちに、いつしか辞めてしまう子どもがいます。決して運動能力の差だけではありません。多くの場合、「練習のつらさから逃げた」「わがまま」「弱い」といった評価が下されがちですが、この差は本当は何なのでしょうか。

子どもの中には、勉強もよくでき、これといって問題はないのですが、なんとなく「精神的に不安定」とみなされる子どももがいます。反対に、普段は強がったりしなくとも、いざというとき「芯の強さ」を発揮する子どももいます。

子どもたちのこうした差は、背景にある心の土台の発達の差によるのではないでしょうか。前述のように、子どもにはたらきかけるとき、この発達の差、現在の心の土台の発達の段階に応じて、はたらきかける方法を変える必要があるのです。

では、「心の土台」とは何でしょうか。私は子どもの心の発達のモデルとして、「心のピラミッド」とよぶ、簡単なモデルを提案してきました。

人間の成長には、一定の順序性がみられます。例えば、運動能力についても、あたりまえのことですが、動けるようになってすぐに自転車に乗れる子どもはいません。まずは、

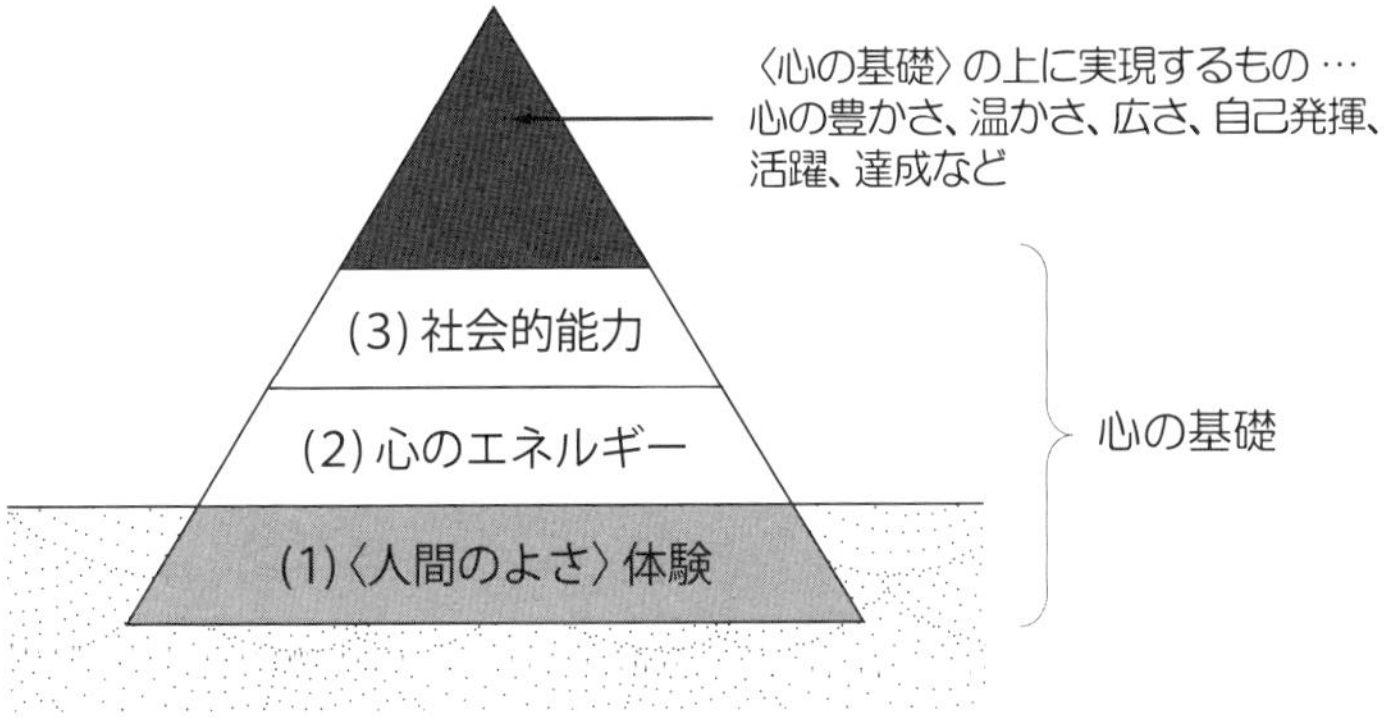

はいはいができ、立ち上がり、よちよち歩きができ……というように、少しずつ身体機能が発達し訓練が積み重なった結果、自転車を漕ぐという動作ができるようになるのです。言葉の発達や思考の発達も同様です。

立体的なモデルで考えてみると、一つの層が形成されて、はじめて次の層が形成されるという層構造でとらえることができるはずです。子どもの心をそうした層構造でとらえてみると、上図のようなものになるのではないかと考え、これを私は「心のピラミッド」とよんでいるのです。

「心のピラミッド」は、「〈人間のよさ〉体験」「心のエネルギー」「社会的能力の獲得」の三層からなります。

〈人間のよさ〉体験

一番下の層は「〈人間のよさ〉体験」です。心の基礎の基礎とも言えるでしょう。「人っていいものだなあ」という体験です。人間への信頼体験と言ってもよいでしょう。この体験をどれだけ積んできたかで、層の厚さが異なります。親のよさ、きょうだいのよさ、祖父母のよさ、先生のよさ、友達のよさ……を、子どもはどれだけ体験して成長してきたでしょうか。

人間は生まれた瞬間から、あるいは最近の周産期医学によれば胎児の頃から、この〈人間のよさ〉を体験するはずです。前頁の図「心のピラミッド」のこの層だけが地面にめりこんでいるのは、学校教育以前の家庭での体験が重みをもっていることを表したかったからです。

ところが、子どもによってはあまり〈人間のよさ〉を体験してこなかったのかなあと思われる場合があります。それればかりか、〈人間のよさ〉よりも〈人間の恐さ〉や〈人間のおぞましさ〉のほうをたくさん体験してきたのではないか、と思われる子どももいます。

親から虐待されたり、いつも両親や家族のいさかいに怯えていたりするなどの背景をもつ子どもの場合です。

こうした場合、人に対して容易に心を開かない、物事を被害的に考えがちである、疑い深い、親和的な関係を持続することが難しい、などの問題が生じやすく、結果的に「暗い」「一緒にいても楽しくない」などの理由で周囲の子どもから孤立してしまうこともあります。そうした孤立体験が、さらに人間不信感を強めるといった悪循環に陥る危険性も否めないでしょう。

また、本当はかまってほしいのに心と反対のことを言ったり、態度をとってしまったりすることもあります。周囲の人が好意からしてあげたことを悪意に受け取ってしまい、あたかも恩を仇で返すような行動をとってしまうなど、人間関係においてきわめて不幸な展開をしてしまう人間になってしまうこともあります。

〈心のエネルギー〉の充足

二番目の土台は〈心のエネルギー〉です。元気や意欲の素になるものです。

頭ではわかっているのにいまひとつやる気になれない、というときには、案外この〈心のエネルギー〉が枯渇していることが多いのです。そうしたときに「元気になれ」「やる気を出せ」と言葉だけではたらきかけても、人は動けません。車で言えばガソリンにあたるもの、つまり、心とからだにじわっとエネルギーが湧いてくるようなはたらきかけが必要なのです。

元気ややる気が湧いてくるための〈心のエネルギー〉要素として、私は次の三つを提案しています。

①安心できること
②楽しい体験
③認められる体験

子どもたちは家庭でどのくらい〈心のエネルギー〉を満たされて学校にやって来るでしょうか。家庭で〈心のエネルギー〉が満たされるどころか、吸い取られ、心が枯渇した状態で学校にやって来る子どももいるのではないでしょうか。

〈心のエネルギー〉が不足すると、物事に積極的に取り組んだり、思いっきり自分の力を発揮したりすることが少なくなってしまいます。元気がなくなり、無気力になったり、頭では「～しなければならない」と思いながらも、実際は思うようにならないために「意欲の空回り」といった状態になることもあります。心に葛藤が生じやすくなり、イライラしたり神経過敏な行動になったりしがちです。

また、心にゆとりがなくなることで思考も硬くなり、融通がきかなくなったり、他者への寛容さが低下し、他人に厳しくなったりもします。息切れ型の不登校をはじめ、子どもの不適応行動の背後に、〈心のエネルギー〉の枯渇がみられる場合が少なくないのです。

社会的能力の獲得

三番目の土台は「社会的能力」です。社会的な場面でのふるまい方を、子どもはどれだけ身につけて育ってきたでしょうか。いくらエネルギッシュでも、それを他人が迷惑になる行為に使ったり、自己破壊的な行動に使ったりしていては、健やかな成長には結びつきません。自己成長に結びつくような活動を選択し、社会の中で認められるかたちで発揮するために、社会的能力が獲得されなければなりません。

具体的には、私は次の六つを「社会的能力」として提案しています。

①自己表現力
②自己コントロール力
③状況判断力
④問題解決力
⑤親和的能力
⑥思いやり

世間に恥ずかしくない子どもに育てるという家庭の〝しつけ〟が脆弱化し、地域の教育力も消滅しつつある現代では、子どもの社会的能力を育てる役割が、学校に重くのしかかってきていることを、多くの識者が指摘しています。家庭自体が、家族以外の人との交流が少なく、親やきょうだい以外の人とつきあうモデルを獲得できずに育った子どももいます。家族の中でも人の気持ちを思いやってかかわりあう体験の少ない子もいます。

こうした三層からなる心の基礎をしっかりと子どもの心に育成できれば、と私は考えているのです。

わが国の学校教育の中には、授業をはじめ学校行事、クラブ活動や部活動、児童生徒会活動、掃除、給食、その他、何気ない教師と子どもとのかかわりの中に、「心の基礎づくり」がたくさん内包されていると思います。

まずこれまで歩んできた道程を確かめ、地固めしながら未来に向かって歩むという姿勢が大事だと思うのです。

4　子どもの「心のピラミッド」から大人の「心のピラミッド」へ

本章第1節で紹介したような学校教育へのメッセージを、私は繰り返し先生方に向けてお話ししてきました。また、何冊かの著作の中でも書いてきました。その中で私はいくつかのことを自問するようになりました。

その一つは、「どうすれば、保護者や教師は、子どもの言葉にならない〈ことば〉に気がつくことができるのだろうか」という問いです。

多くの保護者は、子どものさまざまな〈ことば〉を読み取りながら子育てをしています。しかしときどき、「どうしてこうなるまで親は気がつかなかったのだろうか?」と思う場合もあるのです。

また、多くの教師も、親と同じように子どもたちのさまざまなメッセージを読みとりながら教育をしているはずです。でも、なかには子どもたちがこれだけメッセージを発しているのにどうして気がつかないのだろうと思うようなケースもあります。

子どもの〈ことば〉を聞きとることができる親や教師と、気づかないままにしてしまう親や教師は、いったい何が違うのでしょうか。また、私たちはどんなときに、子どもの〈ことば〉に気づかないままにしてしまうのでしょうか。

いろいろな要因が挙げられるでしょう。感受性の違い、想像力の違い、経験の違い、共感性の違い……など。「子どもへの愛情の違いだ」と言う人もいるかもしれません。

私が注目したいのは、「ゆとり」の違いです。

このことは、子どもの問題についてのカウンセリングをしていて感じたことです。また、私自身が一人の大学教員として、ゼミ生の指導などでも痛感してきたことでした。自分のからだや心にゆとりがなくなると、それが指導にてきめんに反映するということを。もちろんカウンセリングにも反映します。読者の先生方はいかがですか。

そこで、次章では「心のゆとり」とは何か、人はどんなときに「心のゆとり」を十分にもつことができるのか、について考えてみたいと思います。

そのとき、先に子どもの心の基礎としてご紹介した子どもの「心のピラミッド」が、参考になるのではないかと思ったのです。講演などで子どもの「心のピラミッド」について、先生方にお話しするとき、先生方が自分の心に照らし合わせながら話を聞いてくださっていることが多いと感じるからです。これは児童生徒理解といったテーマで講演したあと、先生方が寄せてくださった感想などを読んでいて気づいたことです。また、先生方と子どもの問題についての話が、いつのまにか同僚との関係の問題になってしまうときに感じたことです。

先生といえども、成長途上の人間ですから、「心の基礎づくり」の最中とも言えます。人によってはまだまだ社会性に問題があったり、〈心のエネルギー〉が枯渇してダウン寸前の状態である場合もあります。また時には、人間に対しての信頼感が不安定な場合もあります。

こうしたフィードバックから、「心の基礎づくり」は、私たち大人にとっても大きなテーマであることに、私はあらためて気づかされたのでした。

第2章

心のゆとりの構造

言葉にならない〈ことば〉を聞き取るために

「もっと、心にゆとりをもって子どものことを見てあげなければ」と思ったことはありませんか。「ゆとりのあるときは〝よい先生〟になれるが、ゆとりがないときには〝悪い先生〟になってしまいます」と語った先生がいました。自分の中にいかにゆとりを生み出すかは、大人としての大事なテーマだと思います。でも、難しいことでもあると思うのです。
この章では、心のゆとりの条件について考え、心にゆとりをもたらす方法を考えてみます。

1　心のゆとりとは

「心のゆとり」が大切だということは、誰でも実感できることだと思います。

私自身も、そのことを自分の日常の生活とカウンセラーとしての体験からいつも感じていました。

心にゆとりがあるとき、私はよい教師であり、よいカウンセラーであり、よい夫であり、よい父親でいることができます。しかし、睡眠不足や体調不良などでからだがつらいときや家族の病気などいつも気にかかることがあるとき、猛烈に忙しいとき、仕事に行き詰まりストレスを感じているときなどは、よい教師でいることが難しくなるのです。じっくり学生の相談に耳を傾けたり、十分に授業の準備をしたり、研究について学生に丁寧にアドバイスする、ということに支障が出てくるのが、自分でもわかります。家庭では、もっと露骨にこうしたゆとりのなさが言動に出てしまいます。

また、このことは、保護者とのカウンセリングの中で常に感じていたことでした。

わが子の成績が急に下がったとき、不登校になったとき、障害があると知ったとき、警察沙汰になるような問題を起こしたときなど、親は心のゆとりを失います。その結果、他罰的になってしまうことが少なくありません。

「他罰的」とは、「悪いのは、わが子（自分）ではない。他の子（あるいは担任の先生、学校の指導体制、学校教育のあり方）だ」と問題の原因をわが子や自分以外の他者に見いだす態度のことです。一見攻撃的なそうした態度の背後に、親のゆとりのなさが存在していることを、カウンセリングの過程でよく感じてきました。わが子の不登校が改善したり、障害について親以外の人が一生懸命かかわるようになると、あれほど他罰的だった姿勢ががらっと変わることがあるからです。

学校から「失礼な親だ」と顰蹙を買っていた保護者がいました。わが子が不登校になって学校を休んでも何も連絡してきません。担任の先生が電話連絡すると、そそくさと電話を切ってしまいます。しかし、相談に来られたお母さんは、それほど常識のない人には見えなかったので、私はお母さんになぜ電話連絡しないのか、なぜ学校からの電話を切ってしまうのか、と率直に尋ねました。お母さんの話からわかったことはこうでした。

子どもが不登校になったことを姑から「あなたの育て方が悪い」と責められる。姑は何でもよくできる人で、その分だけ他人に厳しい。夫は自分の母親の言いなりで、いまも電話機は姑の部屋に置いてある。学校からの電話に姑は耳をそばだてているのがわかる。できるだけ子どものことについて触れられたくないので、すぐ切ってしまう。先生方が失礼な親だと思っていることはわかるが、いま、自分は不登校になった子どもや姑との対応に精一杯で、それ以上のことはできない。

このケースでは、お父さんにも面接に来ていただいて、お母さんが自由に電話で話せるように、電話機の増設をすすめました。幸いお父さんは自分の母親の反対を押し切って願いをかなえてくれました。それ以後、お母さんは学校とも、友人とも気兼ねなく電話できるようになり、ずいぶん明るく元気になりました。それとともに、不登校状態だった子どもも元気になり、学校復帰に至ったのです。

このケースのように、子どもの問題の背後に、親の心のゆとりのなさが存在していることが少なくありません。カウンセリングでは、親自身の心のゆとりをいかに取り戻すかが大きなテーマとなります。

　教育相談員となって十数年がたった頃、私は中井久夫先生の著作で、次のような言葉に出合いました。

「(世の中にはー筆者註)善人と悪人というんじゃなくて、余裕のある人間と、余裕のない人間とがあるんだろう(中略)そういう軸で人を見ている」(中井久夫「家族の臨床」中井久夫著作集6『個人とその家族』岩崎学術出版、一九九一年、所収)。

　中井先生は、風景構成法などの絵画療法の創始者として知られている精神医学者です。

　中井先生のその言葉に初めて接したとき、私は自分が長い間感じていたことはこれだったのだ、という衝撃を受けました。

　相談に来られる保護者や先生方は、みなそれなりに子どもに愛情を抱き、何とかしたいと思ってやってきます。みなそれなりに一生懸命やっているのです。なのに、子どもに問題が生じ、なおかつ対応が不適切なためにどんどん悪くなってしまうことがあるのです。

　そのときから、「子どもとかかわる大人が、自分の心の『ゆとりのなさ』に気づき、自らの心にゆとりを獲得していくこと」が、教育カウンセリングの中で大事なテーマであると私は考えるようになったのです。

2　心のゆとりの構造

人間の心のゆとりはどのように生まれるのでしょうか。心のゆとりには次のような条件があると私は考えています。

①からだが健康である
②基本的生活が保障されている
③心に不安がない
④愛されているという実感をもてる
⑤自分の存在価値を実感できる
⑥心が整理されている

それぞれについて、少し詳しく考えてみましょう。

からだが健康である

からだが健康であること、これは心のゆとりの前提条件と言ってもよいでしょう。人間は、本能的に自分のからだ（生存）を維持する行動をとります。からだが病んでいるときは、自分のからだにとって大事なことを何よりも優先するのです。病気になったとき、人が一見すると〝わがまま〟な行動をとったりすることも、自分のからだの維持改善が何よりも優先されてしまうからです。

このことは、健康をそこねている保護者や同僚など他者の行動を理解するときにも大事なことですが、自分自身の行動を理解するときにも大事なことではないでしょうか。疲労困憊で身体的にはまいっているのに、教師という使命感が強く無理をすることで、心のバランスを失ってしまう場合があるからです。

からだが疲労して限界状態のときは、「私がこんなに大変な思いをしているのに」と、誰かを責めたくなったり、心がうつ状態になりやすいものです。そんなときは、「いま、自分はからだがまいっているから、いつもより批判的、他罰的になりがちかもしれない」

と自己モニターし、まずは自分のからだをいたわることを優先することが大事なのです。

基本的生活が保障されている

「衣食足りて礼節を識る」という管子の言葉にもあるように、衣食住という生活の基本が確立してはじめて心の問題が出てくると言ってもよいでしょう。

教育にかかわる私たちは、親はわが子の教育をまず第一に優先すべき、と考えがちですが、家庭によっては生活が困窮しているために、子どもの教育は二の次、三の次にならざるを得ないこともあるのです。比較的経済的に安定している教師の感覚と、経済的に厳しい状態にいる保護者との間に〝温度差〟が生じることがあります。こうした基本的生活の不安定さは、子どもの行動だけではなく、保護者の言動にも大きな影響を与えていることを考慮したいものです。

心に不安がない

病気になったわが子を誰かにあずけて出勤したとき、家族の誰かに何か問題が起こったときなど、常に不安が心をよぎる状態だと、私たちは心のゆとりを失いがちになります。「今日もまた学級崩壊状態になるのではないだろうか」と予期不安に満ちているときも、心は追い詰められた状態になることでしょう。

生活している限り、何らかの不安は生じるものです。しかし、そうして湧き起こる不安を簡単に消し去ることができなくなったときに、その不安を何とか鎮めようとすることが優先されてしまい、他者に向かう心のゆとりがなくなるのです。自分の中に生じている不安に気づき、何らかの方法で不安を軽減することが必要なのです。

愛されている、という実感をもてる

愛情飢餓状態のときは、自分の愛情飢餓感を癒すことで精一杯になり、他者への心配りや他者への歩み寄りは生じにくくなります。自己中心的行動が増え、結果的に周囲からの孤立を招いてしまいます。なかには愛情確認のために、本当は大事な存在である人に対してわざと悪態をついたり、攻撃的になったりして、さらに愛を失う人もいます。

子どもの「注意ひき行動」などは、まさに自分への注目が、称賛の形であれ、叱責の形であれ、とにかく欲しいために、子どもが無自覚的に起こすものです。先生から「大事にされ、愛されている」と実感できれば、多くの注意ひき行動はなくなります。さらに、エネルギーをもっと異なる、自分にとって意味あることにそそぐようになります。

このことは大人も同様ではないでしょうか。愛されているという実感があれば、心にゆとりが生じ、相手の立場を考えたり、思いやったりする愛他的行動も増えてくるのです。

自分の存在価値を実感できる

教師としての自分が、子どもや保護者、同僚や管理職など校内外のさまざまな人から認められ、プラスの評価を受けているときは、心のゆとりが生じるはずです。反対に、自分としては頑張ってやっているはずなのに、クラスの子どもたちや保護者は認めてくれない、それればかりか同僚や管理職からも正当に評価されていないと知ったとき、心のゆとりは失われ、追い詰められた苦しい気持ちになることでしょう。

しかし、この問題は決して特別な問題ではありません。現代では、塾や習いごとなど、学校以外に学ぶ場所が数多くあります。子どもは同時期にたくさんの「先生」とかかわるようになり、学校の先生だけが特別な存在ではなくなったのです。保護者の中には「勉強は塾でやりますので、学校ではのびのびさせてください」といったことを悪びれもせず担任に告げる人もいます。学校教師の職業的アイデンティティは時に不安定になることが少なくないのです。

一方で、本来なら家庭教育でするべきことではないか、と思うような子どもたちの問題も、教師は担わなければなりません。基本的生活習慣が未確立の子どもや集団生活になじめない子どもなどに対しては〝教育以前〟の問題と取り組まなければなりません。授業が始まったら席に着く、授業中立ち歩かない、教師の話は黙って聞く、教科書やノートはちゃんと家から持って来る……といった授業に入るまでのごく初歩的なことに、多くのエネルギーを費やさなければならない教師はたくさんいるのではないでしょうか。

親に甘えられなかった分、教師に甘えてくる子どももいます。「教師としての存在理由は何だろうか？」――そうしたことに日々追われている中で、誰もがこう思い悩むのではないでしょうか。

発達障害や指導の困難な子どもの担任となり、指導がなかなか実らないとき、「私ではなく、他の誰かが担任すればもっとよくなるのではないだろうか」といった気持ちになってしまう教師もいます。

現代の教師は誰もが自己不確実感に陥る可能性があり、自分の存在価値を実感しにくくなる危機と常に背中合わせであると言っても過言ではないでしょう。

心が整理されている

心が混乱していないことも心のゆとりの条件です。

心の混乱は、雑然と物が散らかった部屋にたとえることができます。物を少しでも片づけると、そこに空間的なスペースが生まれます。すると、少し元気が湧いてきて、物でふさがれていたスペースを整理して新たなスペースをつくったりして、整理がはかどるようになります。最終的に、いま必要なもの、いざというときに必要となるもの、保存しておくもの、と整理していくと、機能マヒに陥っていた部屋が機能し始めます。

心も同様です。心が雑然とし混乱状態だと、新しい出会いや考え方を受け入れたり、これまでとは異なる視点から物事を検討したりする、といった態度をとりにくくなります。一つのことにこだわって全体が見えなくなったり、変化を拒み、頑なに何かに固執したりするようになります。

反対に、心が整理されてくると、物事を多面的な視点で考えたり、優先順位をつけ、適切に状況判断しながら物事に対処したり、新たなアイデアが湧いてきたり、柔軟な対応力が湧いてきたりします。心の整理によって、心のゆとりが生み出されるためです。

このように心のゆとりの条件を考えてみると、心のゆとりが原因でもあり、結果でもあることがわかります。例えば、「からだが健康である」という条件は、心のゆとりを生み出すものと言えますが、心のゆとりの結果であるとも言えるのです。心にゆとりがあれば、「今日は散歩してみよう」「少しからだを休めよう」と自分のからだをいたわる気持ちも湧いてきます。

＊

原因でもあり、結果でもある、ということは、循環的であるということです。

つまり、「からだが健康」→「心にゆとりがある」→「からだを休める」→「さらに健康になる」というように、互いが因果関係でつながっていきます。それゆえ、よい循環にも、悪循環にもなり得るのです。「不健康」→「心のゆとりがなくなる」→「駆り立てられるように働く」→「さらに健康が悪化する」という悪循環です。

心のゆとりを生み出すために、心の状態を自己操作して「ゆとり」を生み出すことが簡単にできればよいのですが、実際は心のあり方を変えていくことは難しいものです。むしろ、それぞれの条件を自分でチェックし、まず行動を修正したり、補ったりしてみることから始めると、よい循環への切り替えが可能となります。

3　心のゆとりをもつために

自分の心の中にゆとりを生み出すために、まずこれまで挙げた六つの条件を自己チェックしてみませんか。

「からだの健康」チェック

□睡眠時間は十分とっていますか
□運動不足気味ではないですか
□オーバーワーク気味ではないですか
□朝食はしっかりとってから出勤していますか

□飲酒・喫煙は適量を超えていませんか
□飲んで帰宅する日が多くなっていませんか
□持病のケアを心がけていますか

教師としてのキャリアを積めば積むほど、校内での役割は増え、責任も重くなります。部活動関係や研究会関係で広く人とかかわるようになり、出張や会合なども増えていきます。仕事以外のつきあいも増え、結果的に睡眠不足や過労気味となり、慢性的疲労感や周期的に体調不良に陥ったりしがちです。しかし、自分の健康は他人が代わって担うことはできません。

人づきあいのよい人、責任感の強い人、真面目で手を抜くことができない人、周囲の期待に応えようと頑張る人は、ときどき〝変身〟してみることが必要なのです。

「たまには、人づきあいの悪い人になってみよう」
「みんなで責任分担してもらい、気楽な人になろう」
「大らかな、こだわらない人になってみよう」
「自分の世界を大事にする人になろう」

と、いつもとは違う自分の態度や行動に寛容になることが〝変身〟のコツです。疲労困憊のあなたより、十分に休息をとってエネルギーに満ちたあなたのほうが、ずっと生産的で、創造的で、魅力的なはずです。

「生活〝豊かさ〟」チェック

□いま、経済的に満足していますか
□収入に見合わない物の購入など、無理はしていませんか
□家計を切り詰めすぎて、欲求不満状態が続いていませんか
□思いがけない出費など、急な経済的変化はありませんか
□重すぎるローンなどで、慢性的ストレス状態に陥っていませんか
□仕事の同僚との間に金銭関係が生じていませんか
□ギャンブルや遊びごとに浪費しすぎていませんか

現代のわが国では、教師の生活は経済的には比較的安定しているほうと言えるのではないでしょうか。しかし、家族の入院、老親の介護など、生活する中でさまざまなことが生

じます。ですから、誰にとっても経済的安定は絶対的なものではありません。

しかし、大事なことは、いまの生活状態をあなたがどのように認知するかです。はたからは十分に豊かに見える生活でも、本人が満足せず、焦りと不満に満ちた生活になってゆとりを失っていることもあるのです。経済的満足と精神的満足の関係は、なかなか難しいものです。家計簿をつけるといった持続困難なことよりも、いまの生活について、問題点を書き出し、それをもとに配偶者と（時には家族で）話し合うことをおすすめします。問題点を整理するだけでも、悪循環に歯止めがかかるものです。

「心の安心」チェック

□クラスの子どもたちの問題に悩んでいませんか
□家族の健康や問題に悩んでいませんか
□職場の同僚・管理職との関係に悩んでいませんか
□夫婦関係や嫁姑関係に悩んでいませんか
□近隣との関係はいかがですか
□自分の健康状態に悩んでいませんか

□原因のわからない漠然とした不安にとらわれていませんか

私は、自分の心が何となくすぐれなくなると、できるだけ睡眠時間をとります。私の場合、睡眠が心の癒しの最大の方法になっているのです（「どんなときでも眠れる」ことは私の得意技です）。

起きたとき、なおも自分の心に残っているものだけが解決に値する問題とします。それから自分の心に残っている〝もやもや〟をできるだけ言語化し、手帳に書き出します。「いま解決できるもの・できないもの」に分け、前者には優先順位をつけます。漠然としたものを少しでも言語化して、できそうなことから解決案を考えていくのです。すると、心の中が少し整理され、「いまは解決困難」な問題がクリアになってきます。さらに私は〝時間の解決力〟を信じているので「いま解決できないものは、時間が解決してくれるかもしれない（「日薬《ひぐすり》」という言葉を聞いたことがあります）」と問題解決を時間にあずけることも少なくありません。

あなたにも、あなたなりの安心回復法があるのではないでしょうか。

「愛し・愛され度」チェック

□あなたはクラスの子どもたちのことが好きですか
□同僚にやさしい気持ちで接していますか
□配偶者を大事に思い、それを行動や態度に表していますか
□わが子や、親、義理の親などを愛していますか
□家族から自分は愛されていると感じていますか
□配偶者から大事にされていると思いますか
□同僚が温かいかかわりをしてくれますか
□クラスの子どもたちはあなたのことが好きだと思いますか

おそらく、このチェック項目に対しては、特定の誰かについて「当てはまる・当てはまらない」といったが限定がつくのではないでしょうか。また「思わない・そう思うときもある・いつも思っている」というように、程度や頻度も気になることでしょう。

誰に対して、どの程度「愛しているか・愛されていると感じるか」だけでも、複雑で多

岐にわたるチェックになるはずです。もしあなたが本当に愛情飢餓感に陥ることがあるならば、徹底して自分の愛情関係をクリアにしてみてはいかがでしょうか。あなたは、本当に誰からも愛されず、誰をも愛していないのかを、確認していくのです。

その答えが、完全に「はい」だったら、教育にかかわることは一時的にであれ距離を置いたほうがよいでしょう。でも、多くの方は、誰かに、少しでも愛されていると感じたり、誰かに自分が愛をそそいでいると感じるものではないでしょうか。

「自己存在感」チェック

□自分は教師として子どもたちの成長に役立っていると思いますか
□自分しかできないことがあると思いますか
□「他の誰かが担任したらクラスがもっとよくなるのでは」と思うことがありますか
□子どもたちは先生としてのあなたの存在価値を十分に認めていますか
□保護者は教育者としてのあなたの存在価値を十分に認めていますか
□同僚は教師としてのあなたの仕事を十分に評価していますか
□管理職は教師としてのあなたの仕事を十分に評価していますか

□家族はあなたの存在の大事さをよく感じているでしょうか

自分が、他人から、そして社会からどの程度必要とされるか、自分の存在が価値がどうなのかは、人が生きる上で大事なテーマです。しかし、よほど自信たっぷりの人でない限り「いつもそうだ」と言い切ることは難しいのではないでしょうか。自分の存在価値を実感するためには、他者から何らかの承認を受けることが必要です。子どもから、保護者から、同僚から、家族から、評価されてはじめて、自分の存在価値が確認されるのです。

不登校状態で家に引きこもっている子どもの中には、自分の存在価値を実感することなく日々を送っている子どもがいます。そうした子どもにその子のいいところをフィードバックでき、その子が自分の存在価値を実感する機会を少しでも多く与えたいものです。手芸が得意な子どもにはクラス旗の制作を頼んだり、作曲の得意な子どもに校内音楽祭で歌うオリジナルの楽曲の制作をお願いしたりして、クラスの友達の称賛のメッセージを届けることから、登校行動が導かれたことがあります。

もし同僚が存在感の危機に追い込まれているときには、傍にいてあなただけでもその人の価値を認める人になれるといいなあ、と思います。

あなたが他者からの評価や承認が得られないときはどうしたらよいでしょうか。人は時に、無理解にさらされることも、孤立無援状態になることも、あります。四面楚歌、という状況に陥ることも。そんなとき、あなたはどうしますか？　私は、自分で自分をほめることにしています。自画自讃、自惚れ、我褒《われほ》め、唯我独尊……何と言われてもいい、自分のよさを本当にわかっているのは自分だ、と。

「心の整理度」チェック

□心の中がさまざまな問題で混乱していませんか
□自分なりの心の整理方法をもっていますか
□自分の中にあるコンプレックスやこだわりをよく知っていますか
□ときどき、むしょうに腹が立ったり、わけもなく落ち込んだりすることはありませんか
□これからのことが心配になったり、過去の失敗にこだわったりすることはありませんか
□困っていることや嫌なことを考えだすと、過去の同様のことが次から次に心の中に浮

かんでくることはありませんか

心が混乱している状態は、心が混沌としたままで固まってしまう点に問題があります。心がいい状態のとき、私たちの心は大きな川にたとえることができます。川の水面の流れ、川底に近い深い流れ、その中間の流れ。大事なことはそれなりに流れているということです。しかし心が混乱しているときは、川の流れが澱んでしまい、ダムでせき止められた状態になっているのです。心の中には過去と現在のさまざまな出来事が混じり合い、どんより濁っているかのようになるのです。

こうした澱んだ心をまたゆったりとした流れに戻すためには、「心から行動へ」という投げかけを自分に行ってみるのです。つまり、からだを実際に動かしダム状に澱んでいる心を動かしてみることです。例えば、自分の部屋の机や身近な家具を少しだけ動かし環境を変えてみる、コーヒーショップなどに場所を変えてそこで白いノートに向かって心の整理をしてみる、車で小旅行してみる、いつもと違う通勤経路をとってみる、いつもより三〇分早く家を出てみる……といった方法です。昔からよく言われる「気分転換」ですが、先人の知恵は年月を経てきた分だけ、普遍性があると思います。

■スランプに対処する

・大きく深呼吸をして、からだの力を抜いてみる
・ゆっくり手を握ったり閉じたりする動作をくり返す
・眠れないときはむりに寝ようとせず、体の力を抜くことだけを考える
・家の中ではからだを締めつけない服装をする
・朝、鏡に向かって笑顔の練習をしてみる
・しなくてはいけないことに難易度をつけ、やさしいことから手をつける
・苦手なことをやる前に、自分が得意なことをやってみる
・すでにマスターした簡単な仕事に、もう一度たち返ってみる
・朝、起きたら１日の活動スケジュール表をつくる
・昔、熱中していた趣味をもう一度やってみる
・毎日､決まった“儀式”を生活の中に１つ取り入れて、生活のリズムを取り戻す
・自分からあいさつしたり、ふだんより声を大きくしたりする
・服装・髪型をいつもと違ったイメージのものにする
・この仕事を終えたら○○を買うなど、自分へのごほうびを用意する
・「無理だ」と考える前に、「どこからならできるかな」と考える

Column◆1

スランプを乗り越えるために

認知行動療法からの提案

■認知行動療法

私の元同僚だった坂野雄二先生が、一般向けに認知行動療法を紹介する本を書いています。坂野先生はわが国における認知行動療法の第一人者で、早くからこの方法に注目し、精力的に研究と紹介を行ってこられた方です。

ときどき私はスランプに陥ると、坂野先生が書かれた『スランプの薬』（ごま書房）を開いては、脱出のヒントを得ることにしています。

本書で私が提案する心のゆとりをもつためのヒントなどにも、同書から学んだものがあります。一部を紹介しましょう。

■自分のスランプに気づくために

・自分の１日の行動を逐一記録してみる
・行動したときの気分をひとつひとつ記録してみる
・眠る前に日記をつけて１日の行動を振り返ってみる
・落ち込み度を５段階評価してみる
・「弱ったなカード」をつくり、重症から軽症順に並べてみる
・行動した結果についての満足度を点数化してみる

第3章

心の基礎力を補強する

もう一つの「心のピラミッド」づくり

学校教育の場で子どもとかかわる私たち自身の心の状態は、いま、どうなっているのでしょうか？

この章では、自分の現在を、「心の基礎」という視点でとらえ直してみたいと思います。私たちの「心のピラミッド」がいまどんな状態なのかを再確認したいのです。

そして、教師としてさらなる成長をめざすために、自分の「心の基礎」の補強をはかる方法を考えます。

1　人間とかかわることの〈よさ〉体験を再確認する

教師――〈人間のよさ〉を信じる人

私は、教育カウンセラーという立場で、学校教育の外側から先生方とかかわってきました。教育相談員としてのスタートが一九七三年ですから、もう三六年になります。その間、一貫して思ってきたのは、教師になる人はどこかで人間に対しての信頼感をもっている人だなあ、ということです。

＊

例えば、ある中学校の事例会議でこんな事例が出されました。

学校に制服を着てこない。教科書も持たず、手ぶらでやって来る。先生方が注意すると猛烈に反発し、椅子くらいは投げかねない。他の生徒へのしめしもあるので、制服を着てこなければ学校に入れないと強く指導すると、ふてくされて校門の付近で缶ビールなどを飲んでいる……そんな中学三年の女子生徒A子への指導がテーマでした。

A子の所属する三学年の先生方が、何とか彼女を学校になじませたいとそうとう努力していることがわかりました。しかし、他の学年の先生方は二年にも一年にもそうした傾向の生徒がいるので、三学年できちんと指導してくれないと困ると、その女子生徒に否定的でした。つまり、他学年の先生方は、出校停止を求めていたのです。あまりにも問題の多い生徒なので、全体の雰囲気も「出校停止やむなし」という方向になりかけていたときです。一人の先生が「いったい、A子は、どんな家庭でどんな育ち方をしてきたのですか」と尋ねたのです。

A子のクラス担任は家庭訪問などを何度も行っており、A子の家庭の事情も、A子の生い立ちについてもよく知っていました。A子の両親は一七歳で結婚して二一歳で離婚しています。A子は父親に、弟は母親に引き取られました。父親はA子を育てることができず児童養護施設にあずけます。小学校の途中で父親の両親がA子を引き取って育てていますが、祖母は病気がちで、A子が家事をしているとのことでした。

「そう言えば……。A子がバラの花をいっぱい持っていたので、『何するの?』って聞いたら、『ドライフラワーをつくるんだ』って言って、嬉しそうな顔をしていたことがありました」

と、別の先生がA子にまつわるエピソードを紹介しました。「へえ、そんな面があるんだ」といった雰囲気で聞いている先生方に、担任の先生が家庭訪問したときの家の様子を話してくれました。

A子の家は、小さな公営住宅で、二間の部屋の一部屋には祖母が万年床で寝ています。奥の部屋の一角にA子のコーナーがあり、古い座り机の置かれた壁にドライフラワーが飾られている、とのことでした。その一角がA子の《夢》の場所だったのでしょう。

A子の担任の話を聞いているうちに、はじめ険悪だった会議の雰囲気がやわらかくなっていることに私は気づきました。その会議では、A子の指導については三学年の先生方に任せることになり、出校停止は一時保留になりました。私は、その後のA子について、担任の先生から何回か話を聞いていましたが、先生方の根気強いはたらきかけによってA子は無事卒業し、卒業した後も先生方との交流が続いているとのことでした。

子どもの問題の背後にある「そうせざるを得ない何か」を知れば知るほど、子どもへの認識がより受容的な方向に変わっていく——これが教師という職業に就いた人の大きな特徴だと思います。

＊

職業によっては、いくらそうした事情を説明しても、「ダメなものはダメ」と割り切ってしまう態度の持ち主になることもあります。教師という仕事を選ぶ人は〈人間のよさ〉をどこかで信じている人であると私は思うのです。あるいは教師という仕事を通してなおいっそう〈人間のよさ〉を信じるようになるのかもしれません。

〈人間のよさ〉体験を再確認する

いま、あらためて〈人間のよさ〉体験を再確認してはどうでしょうか。教師という職業を続けてきたいま、あなたの〈人間のよさ〉体験はどれだけ層が厚くなったでしょうか。その層にひび割れはないでしょうか。

〈子どものよさ〉体験

クラスの子どもたち、授業でかかわる子どもたち、そして卒業していったかつての教え子たち……教師としてかかわる子どもたちの〈よさ〉を、あなたはどのように体験していますか。

教師という仕事は、子どもたちに愛情エネルギーをそそぐ仕事です。時にはわが子以上にクラスの子どものことに時間を費やし、心を砕きます。しかし、同時に子どもたちからもたくさんの愛情エネルギーが返ってくるのではないでしょうか。無邪気にふるまう子どもたち、活力に満ち元気にふるまう子どもたち、若葉のように新鮮な光を放つ子どもたち、悩み動揺し戸惑う子どもたち……そうした姿や日々成長していく姿を間近で見るだけでも、成長途上にいる人間の〈よさ〉を感じるのではないでしょうか。

表面的にはすさんだ行動の中にも、どこかに自分が輝くことを求めていたり、もう一度リセットしてやり直すことを求めていたりする気持ちが見えるものです。子どもが学校という機関にかかわり続けている限り、子どもは学校生活に何かしらの〈よさ〉を求めていると考えてよいでしょう。子どもなりに悪戦苦闘する姿が見えると、問題行動の奥に〈子どものよさ〉が見えてくるのです。

〈保護者のよさ〉体験

子どもの教育をめぐって保護者と教師の関係は時に難しくなることがあります。読者の中には〈保護者のよさ〉体験よりも〈保護者の恐さ〉体験のほうがまず思い浮かぶ方もいることでしょう。確かに保護者と教師は、異なる人生を歩んできた他人です。その職業体験も人生体験も多様です。価値観や生活感覚が大幅に異なることもあります。普通なら、互いに接点のない人生だったかもしれません。

しかし、保護者と教師との共通項が、確実に一つはあります。それは「子どもの幸せを願う」ということです。この　点で、教師は保護者とつながることができるのです。

そして、教師という仕事では体験できないさまざまな業種の魅力や苦労、保護者がその育った風土の中で身につけた遊び方や自然とのかかわり方、考え方など、学ぶ対象として保護者とかかわることで、実に多くのものを私たちは学ぶことができるのではないでしょうか。

教育者としてキャリアを積んだ先生ほど、「自分は子どもに育てられた。親に育てられた」

と言われます。

若い頃、私はこの言葉の真意がよくわかりませんでした。いま考えると、教師には、「子ども」と「保護者」という限りなく多様で豊かな、そして常に自分を鍛え、育ててくれる〝教師〟がいる、という意味なのだと知るのです。

〈同僚・管理職のよさ〉体験

教師対象の研修会で、最終的にテーマとなるのは、同僚や管理職との人間関係です。学校教育は個人プレーと集団プレーとの統合で成り立つものです。自分のクラスや授業ではうまく子どもたちとかかわれる人も、学年集団、学校集団となると、けっこう悩みを抱えていたりするものです。

教育の仕事は教師個人の自由度が高いため、他種の職業に比べて個性が際立って出やすい仕事と言えます。児童生徒理解の仕方、児童生徒指導の仕方、教師観、教育観、仕事観、管理職との関係のとり方、同僚とのつきあい方、懇親会などへの参加の仕方……。すべてにその人のパーソナリティや価値観が反映されます。当然、共通部分より相違部分が大きくなるのです。

問題は、その違いを超えてどれだけ共通理解をはかり、協力して仕事ができるかです。私は、教師としていかに「大人であるか」が問われているのだと思います。保護者との関係でも述べたように、相違点を超えて共通項をできるだけ見いだすことができたときに、同僚関係は非常に豊かなものをもたらすに違いありません。

管理職との関係も基本的に同様です。管理職との関係には、管理職から認められたい、守ってもらいたい、という依存的な気持ちと、管理職なのに非寛容だ、度量がない、細かすぎる、逃げ腰だといった批判的な気持ちとの両面を抱きやすいものです。それだけアンビバレンツで不安定な関係になりやすいとも言えます。そのために、管理職の〈よさ〉が、極端に見え難くなったりすることもあります。また反対に、管理職を実際以上に〝あがめて〟しまう場合もあるのかもしれません。等身大の管理職を冷静にとらえることができれば、その先生の〈よさ〉も見えてくるのではないでしょうか。

〈友人のよさ〉体験

多くの教師は、その職業生活の中で、たくさんの同業者とかかわります。異動というシステムを通して、あるいは部活動指導や組合活動、研究会活動などを通して、否応無しにさまざまな人とかかわります。これにＰＴＡ活動などを通して知り合う保護者も加えたら、実に多くの友人をもつことになるでしょう。

私は若い頃、教育カウンセラーという職業の友人がほとんどいませんでした。いつも「学校の先生はいいなあ、悩みを語り合える同期の友達もいるし、三十代の先輩も、四十代の先輩も、五十代の先輩もいて」と思っていました。そのうち、少しずつ職場の仲間ができ、学校現場の先生方とも知り合うようになって、いまでも家族ぐるみのつきあいをしている友人もできたのですが、これまでに出会った同僚の数は、学校の先生方の何十分の一というところでしょう（これには、あまり自分から積極的に友達をつくらないという私自身の性格も原因しているのかもしれませんが）。

しかし、先生方がそうして出会うどれだけの人と友人関係が成立しているのかを考えると、どうでしょうか。出会いのチャンスはたくさんあっても、教師だから友達が多いということではなさそうです。そればかりか、ほとんど友達づきあいのない人もいるのではないでしょうか。同僚という何かしら利害関係のからむ人間関係では、友人関係はいくらチャンスが多くても、難しいものなのかもしれません。あるいは、人間がつきあえる友人の数は、案外決まっているのかもしれません。

友人関係はどこかに共通項があってはじめて成り立つものです。同じ学校、同じ職場、同じ職業、同じ趣味、同じ世代……。その共通項をいまの自分がどれだけ大事にしているかによって、友人関係も変わってくるのではないでしょうか。いまの私は「しみじみできる」友人関係がいいな、と思っています。お互いがそれぞれに体験してきた〝哀しみ〟を、わかりあう関係がいいな、と。いまのあなたは、どんな友人関係がいいと思いますか。どんなときに友人の〈よさ〉を感じますか。

故河合隼雄氏が残された数多くの著作の中に、『大人の友情』（朝日文庫、二〇〇八年）があります。安野光雅氏の表紙と挿画のついた、とても美しい本です。後書きで河合氏が、「書いてみるとつぎつぎに『タネ』が見つかって、書いていても楽しかった」と書かれているように、大人の友情について、さまざまな面から多面的に考察した人生論的エッセイです。もちろんユング心理学をはじめとする深い学識が本文にはちりばめられています。これを読むと、友情とは一筋ならぬものでもあることがわかります。ぜひ、一読をおすすめします。

〈配偶者のよさ〉体験

配偶者のよさ――おそらく多くの読者は、すっきりとうまく言えないものを感じるのではないでしょうか。配偶者に限らず、わが子にせよ、自分の親にせよ、同僚にせよ、あまりにも近い関係だとその〈よさ〉がわからなくなることがあるからです。その中でも配偶者については、互いに相手の裏も表もわかっているために、そして年季の入った〝利害関係〟のために、簡単に〈よさ〉なんて言えない、と思っている方もいるかもしれません。〈よさ〉を考えようとしても、むしろ相手の欠点ばかりがどんどん出てきてしまうこともあるのではないでしょうか。

かつて私は「遠隔信仰」という言葉で考えたことがあります。簡単に言うと、私たちは「遠い」人を信じて、近くにいる人を軽んじるということです。遠くからやって来た講師の先生が言うことがこれまで自分の夫が言っていることと同じことでも、その講師の言ったことは感激してよく信じるが、夫の言葉のほうは気にも留めずに軽んじてしまう。

このことは、同僚との関係でも生じます。私はまだ若い頃、このことを先生方の研修会で投げかけ、その年の夏の研修講座を、外部講師を招かずに身近にいる市内の先生方にお願いしたことがあります。「身近から学ぼう！」それがテーマでした。

配偶者――もっとも身近な人です。私たちが「地」でかかわる唯一の人かもしれません。その人の投げかける言葉は、あまりにも的を射ているために、あなたの心に抵抗や反発を招くかもしれません。「口ではそう言うけど、実際にやっていることは何よ」と相手の言行不一致に怒りすら覚えるかもしれません。しかし、あなたのことを長い時間を通して理解している分、本質をついた批判や意見になっているはずです。これを〈よさ〉としない手はない、と思いませんか。もっとも身近な人から学ぶ回路が脳の中にできれば、私たちは日常生活から実に多くのことを学ぶことができるのではないでしょうか。

互いに支え合う、互いに守り合う、互いに啓発し合う……というプラスの循環は、相手を肯定的に理解することから生まれるのです。

〈わが子のよさ〉体験

教師の子どもは、なかば宿命的に次のような重荷を背負っています。

①不当な評価

「先生の子どもだからできて当たり前」「テストに出るところを教えてもらえる」と周囲

からみなされがちです。

②「いい子にならなければ」というプレッシャー

教師である親自身も、わが子についついそれを求めてしまいがちです。子どもによっては、自分の立場を理解し、親の気持ちを察し、過剰に「いい子」になってしまうことがあります。時には、その反動が思春期に問題行動として出ることもあります。その問題行動は、子どもが「自分らしい自分になるためのその子なりの試行錯誤」なのです。

③愛情飢餓感

教師は家の外で学校の子どもたちに愛情エネルギーをそそいでくるため、家に帰ったとき、わが子にそそぐ分が残っていないこともあります。また、家に帰っても心は教師、というような感じで、教師から親への気持ちの切り替えが難しいこともあります。

特に、クラスに指導困難な子どもがいるときや、学年主任といった多忙で責任ある役割についたりすると、時間に追われてわが子へのかかわりが機械的でゆとりのないものになったり、一緒に過ごす時間が何かノルマをこなすような和みのない時間になったりすることもあるでしょう。さながら、わが子にそそぐ愛情エネルギーが涸渇してしまったような状態です。

学校では、どんなに忙しくても手のかかる子に丁寧に接し、気になる子から目を離さない先生なのに、わが子には、「うちの子は大丈夫」という信頼があるからこそ、後回しになってしまうのでしょうか。子どもからみると、「いい子でいてくれないと困る」「あなたに割く時間はないのよ」というさびしいものに映っていないでしょうか。そんなときは、子どもは甘えたくとも甘えられずに、愛情飢餓状態に陥ることもあるのです。

わが子とのかかわりでは、「教師の子どもとしての苦労」をわかってあげることがまず必要です。その上で、ときどきわが子の日常を振り返り、わが子がどんな表情で毎日を暮らしているかを思い浮かべてはどうでしょうか。学校の子どもたちとの愛情配分を意識的に行い、わが子の分も愛情エネルギーを残しておくことが大切です。

また、家庭では極力「お父さん・お母さん」になることを心がけます。クラスの子どもたちの話題も、子どもの側からすると楽しい話題になるとは限りません。あなたが「先生の顔」から「お父さん・お母さんの顔」に変わったときに、わが子の〈よさ〉が見えてくるのです。

多くの先生方は、親と教師という役割葛藤に出合うことでしょう。親である自分と教師である自分の間を、時には駆け足で、時には瞬時に、行き来しながらわが子を育てます。

かつて『月刊学校教育相談』で、「教師としての私を鍛えた子育て体験」という特集がありました（二〇〇二年八月号）。その中で、「帰ってきてまで先生やるのやめてよ」というタイトルで、大野道子先生が書かれていた文章が心に残っています。

タイトルの言葉は、大野先生の長男が小学校五年生になったとき、お母さんに言った言葉です。「お母さんは自分の言っていることだけが正しいと思って、ひとの言うこと聞かないじゃないか」という言葉が続きます。子どもが学校であったイヤなことを母親である自分に話すとき、自分のほうは教師の立場で「〇〇すべき」と説教調になってしまっていた、と大野先生は反省するのです。

大野先生は二人の男の子の子育てを通して「親の気持ち」を学び、先生のありがたさを感じ、反抗する子どもの心がわかり、クラスに子どもの「存在場所がある」ことの大切さを学んでいきます。親を体験することが教師をさらに大きく、豊かにしていくプロセスが、謙虚な言葉で綴られていました。

親であることと教師であることの間で心が揺れながらも、わが子とのかかわりから教師はたくさんのものを学び、成長していく喜びをもらい、それがまた教育という自分の仕事に還元されるのだ、と私は思いました。

〈親のよさ〉体験

「内観法」というわが国独特の心理療法では、自分の親からこれまでに、していただいたこと、して返したこと、迷惑をかけたことを、幼い頃から時期を区切って少しずつ想起していきます。身近な人々からしていただいたことが私たちの現在を支えていることに気づき、親をはじめとする他者の自分への愛情を感じることで、感謝の念が湧き、と同時に生のエネルギーも湧き起こるという方法です。

親への感情も、身近な存在だけあって決して単純なものではありません。読者の中にはいまだに自分の親を受け入れられない、と思っている人もいるかもしれません。

「そうせざるを得ない何かが、親にもまたあったのではないか」ということに思いをめぐらせてみることが、〈親のよさ〉を感じるための一歩であると、私は思っています。「自分の親はどんな人生を送ってきたのだろう」「なぜ、父（母）は私に厳しかったのだろう。何かそうせざるを得ないものがあったのだろうか」と、私たちが親の人生に思いをめぐらすようになったとき、私たちは「親から自立した」と言えるのではないでしょうか。親からの自立があってはじめて〈親のよさ〉がわかるようになるのです。

大人になってからあらためて気づいていく〈親のよさ〉が、私たちをさらに育て続けるのではないでしょうか。

〈自分のよさ〉体験

最後は、自分の〈よさ〉です。

あなたは自分の〈よさ〉をいくつくらい挙げられますか。私たちは、いざ自分の〈よさ〉を挙げようとすると、案外悩んでしまうのではないでしょうか。自分では〈よさ〉と思っているけれど、他人からは欠点とみなされているのではないかと自信がなくなったり、わざわざ自分のことをよく言う必要もないしなど、葛藤が生じることもあります。

自分を客体化して見ることは、自分のいまを修正するためには必要なことです。自分を客観的にとらえることで、自分の偏りや足りないところ、過剰なところがクリアになるのです。

自分を見ている「自分」を〝観察自我〟と言います。ときどき、自分の〈よさ〉を自分で観察してみてはどうでしょうか。次に、〈自分のよさ〉探しのためのシートをつくってみました。題して「〈自分のよさ〉探シート」です。

〈自分のよさ〉探シート

①私の　　　　　　　　　　　　　　　　　ところがよいところだ
②私の　　　　　　　　　　　　　　　　　ところがよいところだ
③私の　　　　　　　　　　　　　　　　　ところがよいところだ
④私の　　　　　　　　　　　　　　　　　ところがよいところだ
⑤私の　　　　　　　　　　　　　　　　　ところがよいところだ

とりあえず五つを書き込んでみてください。

試しに、私もやってみました。私の「〈自分のよさ〉探シート」です。

①私の**気持ちをすぐ切り換えられる**ところがよいところだ
②私の**けっこうしぶとく頑張る**ところがよいところだ
③私の**気持ちが若い**ところがよいところだ
④私の**同時にいろんなことができる**ところがよいところだ

⑤私の**机の上がぐじゃぐじゃになっていても平気で仕事ができる**ところがよいところだこう挙げてみると、少し照れくさくもあります。

でも、〈自分のよさ〉を整理しておくことは、大切なことなのです。〈自分のよさ〉を見つけられない人は、他人の〈よさ〉も本当には見つけられません。教師は子どもたちの〈よさ〉をたくさん発見しなければなりません。子どもたちを認め、励まし、意欲をもたせるために、〈よさ〉発見技術を磨かねばならないのです。その出発点ともなるのが、〈自分のよさ〉発見でもあるのです。

あなたの〈人間のよさ〉体験は？

いかがですか。教師という仕事を通してあなたの〈人間のよさ〉体験は増えましたか。それとも、減ってしまったでしょうか。

子ども不信、保護者不信、同僚・管理職不信となってしまう教師ほどつらいものはありません。教育は基本的に人を信じてこそ成り立つものだからです。にもかかわらず、私たちの信頼感を打ち砕くような出来事が起こったり、不信感を抱かざるを得ない事態に直面したりすることもあります。

そんなときには、最後に残る〈人間のよさ〉体験がものを言うのです。〈親のよさ〉〈わが子のよさ〉〈配偶者のよさ〉〈友人のよさ〉などです。

学校教育場面での〈人間のよさ〉体験が一時的に失われても、自分がこれまで体験してきたさまざまな〈よさ〉が消えるわけではありません。学校場面でさまざまな不信体験に出合い、心が傷ついて仮に休職状態に追い込まれても、自分の内なる〈人間のよさ〉体験が心の中にしっかり存在している人は、必ず復帰することができるのではないでしょうか。

必ずしも順風満帆で幸せな人生を送ってきたわけではなくても、苦労が世の中や人間への不信感につながらず、どこか〈人間のよさ〉をもち続けている人を、私は「いいな」と思います。苦労した分だけ、人間の哀しみを知り、人間の弱さも知っているけれど、人間に絶望していない人です。あなたはいかがですか？

2　〈心のエネルギー〉を補給しよう

〈心のエネルギー〉という言葉

私が〈心のエネルギー〉という言葉を使うようになったのは、三〇年前のことです。当時は登校拒否と呼んでいた不登校の原因は何か、不登校の予後のよい子どもと悪い子どもの違いは何かなどについて文献などを読んで考えているときに、〈心のエネルギー〉という言葉が浮かんだのです。

不登校の子どもの多くは、頭では学校に行かなければと思いながらも、身体が動きません。自分がこのまま休み続けていたら希望の進学先に行けない、とわかっていても、次のステップに移れないことが少なくありません。「そうした子どもの支援として何が必要なのだろう」と考えたときに、まずは心に元気が湧くことが大事である、と考えたのです。いまではこうした考えは学校や相談機関でごく普通になされるようになりました。でも、当時はまだ不登校について「怠けだ」という見方も多く、子どもが追い詰められてさらにこじれていく例がたくさんありました。現在でも特にこれといった休む理由が見あたらない場合や、学校は休んでいても家では比較的元気にしている場合など、まわりからは「甘えだ」「わがままだ」といった批判を受けることは、まだまだあるのではないでしょうか。

もちろん、不登校の背景にはさまざまなものがあり簡単には言えないのですが、〈心のエネルギー〉の充足はどの子にも必要であり、はたらきかけとしては基礎的なものとなっているのではないでしょうか。

その他の相談でも〈心のエネルギー〉という視点から理解し、はたらきかけることが少なくありませんでした。例えば親がわが子への適切なはたらきかけについて「どうしたらよいのか」を頭ではよく理解はしているけれど、実際にわが子を目の前にすると適切なはたらきかけができないということはよくあります。そんな場合に、親自身の〈心のエネルギー〉が涸渇していることが一因となっている場合もあります。孤立無援状態での育児や周囲の無理解によって、親自身がどうすればいいのかを頭では理解しても、行動に移せるだけのエネルギーがない場合があるのです（もちろん、「モデルがない」「行動に移すことに心の中で抵抗がある」などの背景も考えられますが）。その場合には、まず親自身の〈心のエネルギー〉充足が、問題解決の第一歩になるのです。

その後、私は〈心のエネルギー〉という視点で、①子どもの問題行動の理解や、②子どもの心へのはたらきかけ、③教師―子ども、教師―保護者、教師―教師などの人間関係の中で生じる〈心のエネルギー〉のやりとり、などを考えてきました。

学校は家庭とともに、子どもの成長の場となるところです。子どもはそこで学んだり、遊んだり、活動したりします。学校はエネルギーの消費の場でもあり、同時にエネルギーの補給の場でもあります。このバランスが大事なのです。

子どもの中には、学校でエネルギーを消費するのみで、疲れきって帰宅する子がいます。消費した分を家庭で補給されればよいのですが、家庭がエネルギー補給の場になっていない子どももいます。そればかりか、家でもエネルギーを消費するだけだったら、子どもはどうなるでしょうか。息切れを起こし、ダウンしてしまうのではないでしょうか。あるいは、学校でも家でも得られないエネルギーを得ようとし、教師や親の目の届かないところで刹那的なエネルギー補給を行うかもしれません。子どもの問題行動を〈心のエネルギー〉という視点で見ると、必死になって自分で自分に〈心のエネルギー〉を与えようとしている子どもの姿が見えてくることがあるのです。

学校教育の中にはたくさんの〈心のエネルギー〉補給の機会があります。先生方はこれらを十分、活かしているでしょうか。授業や休み時間のちょっとした言葉のやりとりの中でも、子どもに〈心のエネルギー〉を与えることができるのです。

〈心のエネルギー〉の自覚

先生方の中にはご自身の〈心のエネルギー〉が涸渇寸前という人もいます。教師もまた子どもと同じように、日々の生活の中で〈心のエネルギー〉をやりとりしながら生きているのです。〈心のエネルギー〉という視点をもつことによって、自分のいまの精神的状況を把握し、心の状態を維持、整理しておくことは、子どもに〈心のエネルギー〉を与える教師という職業にとっては必要不可欠だと思います。

〈心のエネルギー〉が涸渇してくると次のようなことが生じやすくなります。

・やる気が湧かなくなる
・仕事をうまくさばききれない、ミスも増える
・早く授業を終えたいと思う
・集中力がなくなる
・怒りっぽくなる
・他人のマイナス面がよく目につく
・ささいなことが気になりだす
・小言やグチを言い出すと止まらなくなる
・子どもたちの声や行動が「うるさい」「疲れる」と思う
・面倒な話題を避けたくなる
・同僚・管理職の言葉を被害的にとりがちになる
・教育に情熱をもてなくなる
・明るく、元気な同僚の姿を見るとイライラする
・自信がなくなる
・気分の落差が激しくなる

・子どもや同僚、家族とのトラブルが増える

こうした行動や問題が自分に見られるときは、〈心のエネルギー〉が涸渇しているSOSサインととらえ、エネルギー補給のための手立てをいろいろと工夫することが必要です。

〈心のエネルギー〉を補給するには

本書の第1章で、私は子どもの〈心のエネルギー〉充足の三要素として、①安心できること、②楽しい体験、③認められる体験、を挙げました。このモデルにそって、大人にとっての〈心のエネルギー〉補給の方法を考えてみましょう。

教師の心の安心体験

教師の安心体験とは、次のようなことではないでしょうか。

①心に不安がないこと

②自分の存在が周囲から受け入れられていること

③自分の居場所が職場や家庭にあること

④自分がしっかり守られていると感じること
⑤自分のことを理解してもらえていると感じること

このうち、①〜③は、第2章「心のゆとりの構造――言葉にならない〈ことば〉を聞きとるために」で述べた「心の安心」や「愛されているという実感」「自分の存在価値」などに重なる体験です。

教師という仕事は、案外、不安にさらされている仕事ではないでしょうか。教育実習の体験のみで、新規採用されてすぐクラス担任になったり、授業で生徒の前に立ったりすることになります。こうした職業環境は、さまざまな職業の中でも少数派に属すると言えるでしょう。つまり、修業期間や研修期間なしに、すぐ仕事の現場に配置されるのです。もちろん新規採用教員対象の研修はありますが、教師の仕事と同時並行的に行われるのですから、研修に専念する余裕もないでしょう。

子どもたちがこちらの意図したとおりよく学び、仲良く行動してくれればよいのですが、現代の子どもたちは教科指導以前の問題をたくさん抱えて学校にやってきます。基本的生活習慣がまったく身についていない子、愛情飢餓状態で勉強どころではない子、自分だけが注目されたくて気になる行動をし続ける子、給食を食べられない子、ケンカする子……。発達障害の子どもの個を大事にしながら集団にも対応しなければならない、といった高度な教育技術も要求されます。保護者とのかかわりは、カウンセリングの実習経験なしにぶっつけ本番でカウンセリングを行うに等しいと言っても過言ではありません。保護者が集団で苦情を言いにくる場面は、集団カウンセリングよりももっと困難な場面でしょう。

教師は他の教師の仕事を直接見て学ぶことはできません。それぞれが教室という個室に入って行うからです。先輩の授業をモデルにしたくても、研究授業でもない限り、見ることはできません。この点が、教師以外の職業とは大きく異なる点です。自分の力で、時には手探り状態で歩むことを求められているのです。また、教師としての責任も、若かろうが、新規採用だろうが、すぐ伴います。

教師の心の安心を考えるとき、このように先生方が常に不安と背中合わせで職業生活を送っている点を見逃してはいけないと私は思います。うまくいっているときは、そのことに気づきませんが、行き詰まったとき、暗礁に乗り上げたとき、どっと不安状態に襲われるのではないでしょうか。

かつて校内暴力の嵐が吹き抜けたとき、多くの教師が心の傷つきによって、休職や退職に追い込まれました。小学校を中心に学級崩壊の嵐が巻き起こったときも同様です。

それゆえに、教師が安心して教員生活を送れるように、教師自身も常に心がけることは大事なテーマなのです。

■私の提案——あなたが与える安心体験

こうした課題に対する私の提案は、ささやかなものです。あなたのまわりの同僚と互いに〈心のエネルギー〉を与え合う、ということを提案したいのです。

まず互いへの言葉かけです。その同僚が、安心できる言葉かけ、自分の存在が大事にされ受け入れられていると感じる言葉かけ、この学校がその人の居場所であることが伝わる言葉かけ、自分がしっかり守られていると感じられる言葉かけ、自分のことを理解してもらえたと感じられる言葉かけです。

そのために、自分のボキャブラリーに次頁の表のような言葉を貯えておいてはいかがでしょうか。

〈大丈夫〉

・あとは、私たちがやるから、大丈夫だよ
・一緒に、やりましょう
・やるだけ、やったよね、私たち
・何か力になれないかな
・手伝おうか
・最後の責任は私がとるから、まず思うようにやってみなさい
・あなたのこと、心配している
・これからだよ
・苦労がよく伝わってくるよ
・大変だったね
・誰もがここを通るんだ、君だけじゃないよ
・〜がよかったよ
・いいねえ

〈受け入れ〉

・努力が実ったね
・さすが、〜先生だね
・学年の先生みんな感心してたよ
・先生のように私も頑張ります
・いつでも相談にのりますからね
・先生は、僕らの憧れだから
・先生の視点に、気づかされました
・先生の存在、大きいと思う

〈居場所〉

・みんな仲間なんだから
・ここでみんなで踏んばろう
・バラバラにならないように、団結だよ
・切磋琢磨しながら一緒に歩んできたよね

〈見守り〉

・この一年の成長、すばらしかった
・よく頑張っているね
・これからも注目しています
・ここまできたね
・何かやれることがあれば、言ってください

〈理解〉

・よく、わかりました
・なるほど、そういうことか
・そこまで考えたのですね
・じっくり考えたんだね
・いろんな角度から検討しましたね

■言葉でなくとも

言葉にせずとも、こうした気持ちを伝えることができます。

私の知り合いのある先生は、家に咲いている草花や、農協の花屋さんで購入した切り花を、毎週校内の何か所かに飾っています。その花は子どもたちはもちろん、先生方の心も癒してくれるのではないでしょうか。

ある先生は、職員トイレのサンダルをそろえることを心がけています。同僚の車の誘導をさりげなくしてあげるのもよいでしょう。明るい声で、互いにあいさつする、呼ばれたら「はいっ」と明るく返事する、互いに対して丁寧な口をききあう、何かの

役割を果たす人に一言「ありがとう」とお礼を言う、仲良く過ごす、互いに思いやりを表す……など、日頃、教師として子どもたちに望ましいこととして教えていることを、すべて行うだけでも、教師として同僚同士が互いに元気を与え合うことができるのです。

教師の楽しい体験

〈楽しい体験〉を自覚的にもつことによって、〈心のエネルギー〉をたくさん補充することができます。私なりの提案です。

■私の提案——非日常体験の楽しみ

教育センターの相談員だった頃、私も毎年、研修担当指導主事と一緒に教育相談研修会を実施していました。夏には市内の先生方を引率して二泊三日の泊まりがけで行う宿泊研修会も行いました。研修企画は教育相談員全員で話し合い、いろいろ試行的でユニークな研修もありました。ディスコブームのときは、宿泊研修会で研修終了後、夜のディスコクラブに希望した先生方を連れて行ったこともありました。「興味はあるけど、一人では行きにくい」という声があったからです。

私が驚いたのは、先生方、特に当時三十代前半だった私より、一〇歳も、二〇歳も年上の先生方のエネルギーです。みんな、ものすごい勢いで楽しそうに踊っていました。

ときどき、こうした非日常体験を試みるのはいかがですか。

お祭り、盆踊り、お花見など、日常から離れた体験が人間に新たな活力をもたらすことは昔から知られています。学校教育のなかでも、運動会、学芸会、遠足……と、学校生活が単調にならないように非日常的行事を入れることで、子どもたちの心に刺激を与え、活力を引き出すという学校文化が続いてきました。しかし、こうした「行事の意味」は子どもと教師とでは異なるかもしれません。子どもたちにとっては非日常的体験をし、自己発見や自己達成をもたらすものであっても、教師にとっては日々の指導の延長となるために疲れだけが残る体験として終わる場合もあるでしょう。先生方も、もっと自分たちの非日常体験を楽しんではいかがでしょうか。

[学校でできる教師の非日常体験の例]

・職員オセロ大会　・そば打ち（うどんづくり）体験　・創作料理大会　・（何かの行事のときに、子どもたちの前に）仮装して登場　・なつかしのソング大会　・私の一曲（自分の好きな曲をみんなに聴いてもらう、その思い出も語る）　・フラダ

ンス講習会

学校によっては、職員のレクリエーションとしてこうした職員行事がなされている学校もあるのではないでしょうか。そうした行事の意味を再確認してはいかがでしょうか。

■私の提案――役割交換の楽しみ

退職された校長先生が書かれたやや辛口の教師論の中に、「教師とは学校しか知らぬ人の集まり」という表現がありました。確かに、その著者が言うように、教師の多くは六歳で小学校に入学してからずっと学校生活を続け、大学を卒業して就職先も学校です。著者は、それゆえ、狭い世界で生きているということを自覚し、心して他者から学びなさい、と主張しているのですが、これを読んで「うーん、そうか」と思ってしまいました。

私が気になっていることは、先生方の、子どもたちや保護者がもっている情報とのズレです。例えば、教育や子どもに関する事件が起きても、朝や昼のワイドショーどころか、ニュースをゆっくり見ることもできないのが教師の生活です。クラスの子どもたちに人気のTV番組を見たいと思っても、時間がズレていたり、TVをゆっくり見る時間がなかったりです。授業中にクラスの子どもたちから飛び出すギャグやセリフが、単に子どもたちがＴＶのまねをしているだけと知らずに、厳しく注意したりして、子どもの心からさらにズレてしまう結果となることもあります。もちろんゲームにいたっては、その楽しみの共有がきわめて困難ではないでしょうか。

「ああ、これは自分の知らないＴＶ番組（ゲーム）のことだな」と気づいたら、チャンスです。子どもに「先生」になってもらって、その番組のどんなところがおもしろいのか、魅力なのか、その番組を見るとどんな気持ちになるのかを、子どもに教えてもらうのです。子どもの「大人心」を育てるチャンスなのです。

少し難しい、子どもにとっては晴れがましい言葉で尋ねるとよいでしょう。「その番組の魅力を語ってください」「その番組から、生き方についてどんなことを学んだ？」「そのギャグの効果は？」と。ロールプレイングでいう役割交換（ロール・リバーサル）です。子どものほうは、自分の話に耳を傾け、自分のＴＶ体験を意味づけてくれたことに、ある種のショックを受けるかもしれません。ＴＶの見方も変わることでしょう。子どもたちの一見マイナスに見える現象をプラスに転じてしまう〈楽しみ〉も、子どもとのかかわりの中にあるのです。

「教師とは学校しか知らぬ人の集まり」であることを活かして、子どもたちから学ぶ、保護者から学ぶ――そんな楽しみはいかがでしょうか。

■私の提案――being の楽しみ

私の最後の提案は「何もしないこと」の楽しみです。何もしない、とはいっても人間は息をしたり、座っていたり、何かはしているので、「目的的に何もしないこと」と言ったほうがいいかもしれません。そうした状態をここではbeing（ただ、いること）と名づけます。

教師の仕事は、常に何かすること（doing）から成り立っています。子どもたちも学校では常に何かすることを求められています。しかし人間はdoingだけで生きているわけではありません。例えば、電車に乗っているとき、本を読んだりゲームをしたりしている人もいますが、多くの人はただ座席に座っているだけです。でも、その時間は無駄な時間かというと、とりとめもなく考えごとをしたり、心を鎮めたり、車窓から見える景色を眺めていたりと、それなりに次の行動につながる〈心のエネルギー〉充足の時間となっているのではないでしょうか。

私も日頃は手帳に予定がびっしり入っています。でも時々、予定していた来客が来られなかったりして、時間の隙間ができることがあります。そうした時間が自分にとっては大切な時間になっているのです。だいたいは椅子に座ってぼーっとしたり、これといって目的もなく売店に行って書籍の背表紙をのぞいたり、文房具を眺めたりします。

時間にゆとりのある人は、何もしないで音楽を聴いたり庭を眺めたりと、being を楽しむことが可能でしょう。日々忙しい教師生活の中のどこかに隙間を見つけて、being を楽しむことを自覚的に行ってはいかがでしょうか。

すぐれた精神分析医である神田橋條治先生が患者さんのために書かれたという『精神科養生のコツ』(岩崎学術出版、一九九九年)という本があります。この本の中には、心の養生のために being を行ってみる方法がいくつか紹介されています。「死体になる方法」は、死んだと思って畳の上にべたっとしてみることです。「プチ家出」は、目的ももたずに財布だけを持って目の前の電車に乗ってプチ家出を試みることです。何だかユーモラスでありながら、とても理にかなっている方法だな、と私は思いました。

doing doing で生きている人は、本人は満足していても、周囲の人は案外、〈心のエネルギー〉をその人に吸い取られていることが多いものです。being を楽しむことで、周囲の人もあなたにかかわりやすくなるのではないでしょうか。

教師の認められる体験

人間はいくつになっても、人からほめられれば「嬉しい」と思い元気が湧いてきますし、自分の頑張りや努力が認められないときは、悲しいものです。

私がかかわっている「さがみ教育相談を語る会」という勉強会があります。神奈川の相模原市の公民館で隔月年六回開かれている自主的な勉強会です。誰が来てもよいというオープンな会で、さまざまな地域から先生方が参加されています。時には、先生が不登校の子どもに悩むお母さんと一緒に来られることもあります。その場で、事例を出していただき、私が助言するというスタイルで、もう二〇年近く続いています。

その集まりで先生方に簡単なアンケートに答えていただきました。次の二つの問いです。

「あなたが、子どもたち、保護者、同僚からかけられて嬉しかった言葉は何ですか？」

「教師になろうと思ったとき、どんな先生になりたいと思いましたか？」

後者については後の章で紹介することにし、ここでは先生方が挙げられた「嬉しかった言葉」を紹介します。

★嬉しかった言葉

［子どもからこんな言葉をかけられたとき、嬉しかった］

・○○（教科名）が、先生に教えてもらって、わかるようになった
・できるようになったよ！　やった！
・あの言葉で、ぼくは、変わりました
・先生のクラスになりたかった
・先生のクラスでよかった
・先生は、怒ってばっかで、厳しかったけど、それと同じくらい、やさしかった
・次は、担任の先生になって
・ねえ、ママ（と、思わず声をかけられたとき）
・先生って、頑張っているんだねえ（着任して間もない頃、休日に買い物をしていたら、ある子と会って）
・後ろ姿でわかったよ

・図工の時間、大好きです
・先生ってこっているね（絵が上手だね）
・先生、俺にまかせて！
・金八先生みたいな先生だった（卒業した子どもたちのクラス会で）
・また遊んでください（赴任して五日目に手紙で）
・ぼくのベストティーチャー
・厳しいけど、やさしいから、大好き
・どうしてぼくの気持ちがわかったの
・先生の近くの席がいい、気分がいいから
・あー楽しかった（図工が苦手な子が、図工の時間のあとに）
・授業が楽しいからまたやって
・先生に相談してよかった
・先生、ありがとう（やんちゃでまわりの先生が手を焼いていた子から、卒業式で）
・先生がいてくれたから、いまの私があり、ここで卒業することができた、本当にありがとう

・先生って、いつも笑顔でいて、疲れない？　私たちは、ほっとするけど
・先生、かわいい！（お世辞でも嬉しかった）
・先生のように、誰かのそばにそっと寄り添うことのできる人に私もなるね

［保護者からこんな言葉をかけられたとき、嬉しかった］

・先生が担任になって安心しています
・先生に子どもをみてもらえてよかった
・来年も担任をしてください
・おまかせします
・頼りにしています
・ご相談したいことがあります（頼りにしていただけているのかなと思い嬉しかった）
・ずっと先生が、この学校にいてくれたらいいのに
・土にまみれて農作業してくることがとっても楽しみです。汚れた服を洗濯するのが楽しみです（ＡＤＨＤの子どもの母親から）

・真心をこめて育ててくださってありがとうございました
・子どもが、先生と過ごして、とても積極的になりました
・授業が楽しいと言ってます
・学級通信をとても楽しみにしています
・「おたより」いつも読んでいます
・先生に出会えて本当によかった。子どもも、そして私たち夫婦も家族の輪を取り戻すことができました

［同僚からこんな言葉をかけられたとき、嬉しかった］

・あなたにわが子を受け持ってもらいたい
・一緒に組みたいです
・話してよかった
・先生のクラス、しっかり学級経営をしていたね（先輩から）
・先生がアドバイスしてくれたことをやってみたら、子どもが変わりました！
・どう？　元気？

・〇〇さん（自分の名前）はけっこう、天然ですね
・頭がやわらかいね
・おもしろいこと、考えるねえ
・おもしろそう（図工の教材に対して）

いかがですか。子ども、保護者、同僚の順に、嬉しかった言葉数が少なくなってしまうことが少し気になりますが、読んでいて私は何だかおかしくなり、楽しくなってもきました。「ねえ、ママ」と声をかけられたとき、自分が教師と母親の両方の雰囲気を子どもたちに醸しだしていたことを知って、嬉しかったのでしょうね。子どもたちは教室の私に〝潤い〟も感じていてくれていたんだと（私の逆の経験を思い出しました。自分の子どもと同世代の学生のゼミを指導していたとき、思わず「パパはね」と言ってしまい、「マズイ！」と思った経験です）。「先生って、頑張っているんだねえ」と買い物中に声をかけられたとき、子どものほうも教室で見る先生とは違った先生の姿を見て驚いたことでしょう。でも、その驚きではなく、先生をしながら主婦としても頑張る面を言葉にしてくれたその子に、先生は感動したのでしょう。

「認める」「ほめる」ことは、その人の心の中に丸印をつけてあげることです。心にたくさんの丸印がついている人は、自己信頼感や自尊心が高くなり、他人に対してもゆとりをもって行動することでしょう。

子どものことならば認めたりほめたりできるが、大人には手きびしい人がいます。カウンセラーでも、クライエントにはすごくやさしいのに、同僚や同業者、あるいは連携すべき学校の先生方やお医者さんに対して手厳しい人がいるのです。

私たちの心のどこかに×印がついているとき、他者へのきびしさとなって出てしまうのです。自分の×印はいつ、誰がつけて、それに対して自分はこれまでどう感じてきたか、を丁寧に自己分析してみると、×印との間に少し距離がとれるようになります。距離がとれるようになると、「私は、こういうときに他人にきびしくなるんだなあ」と自分のことを客観化できるようになるのです。自分の中の×印と心の底にある悲しみとの関係が少しずつ明確化されてくると、私たちは他者を認め、受容するようになるのです。

「認め・認められる」体験は、私たちが今後の人生を歩む上での、息の長い〈心のエネルギー〉を与えてくれるのです。

3　社会的能力の再確認を

社会性——すべての人にとっての課題

あなたの周囲に、こんな先生はいませんか？

□多弁で、話しだしたら止まらない
□話し始めが唐突で、ちょっとした言葉を言ってから話題に入ることができない
□会議などで発言するとき、話がまとまらない
□意見を言うときに必要以上に攻撃的になる

□話がまわりくどい
□自慢が見え見えで、嫌味がある
□自分だけが正しいと思っている
□頼まれたら断れない
□自分の考えをうまく主張できない
□関心のないことになると露骨に態度で示す
□言うことは立派だが行動が伴わない
□知識はあるのだが、実行力がない
□しなければならないことでも気分が乗らないとやろうとしない
□問題に対しての判断が甘い
□場の雰囲気が読めずに、周囲を白けさせてしまう
□優先順位をふまえて考えたり行動したりできない
□どうでもよいことにこだわり、本質からズレてしまう
□他人に相談できない
□問題が生じたときに他人に押しつける

□集団での問題解決場面では、人まかせになってしまう
□批判だけはするが、建設的な提案がない
□リーダーシップをとらねばならないときにとろうとしない
□あいさつができない
□けんか腰で話すことが多い
□「すみません」とあやまれない
□一度腹を立てるといつまでもこだわり続ける
□場の雰囲気を和らげるような言葉が言えない
□親切でない
□思いやりの心に欠ける
□自己中心的である
□いたわりやねぎらいの言葉がない
□相手が元気になるような言葉がなかなか言えない
□相手の元気がなくなるような言葉が多い

いかがですか？　何人か思い当る人はいますか？

このチェックリストは、私が子どもの社会的能力として提案している項目をもとに、私が考えてつくったものです。

第1章で紹介したように、私は〈心のピラミッド〉の基礎の「〈人間のよさ〉体験、〈心のエネルギー〉」に次ぐ三番目の層として、社会的能力を挙げています。そして、この社会的能力をさらに、①自己表現力、②自己コントロール力、③状況判断力、④問題解決力、⑤親和的能力、⑥思いやり、の六つの項目に分けて、獲得してほしい子どもの社会的能力を提案しています。本書ではその大人版をつくってみようと思い、子どもの社会性にかかわるさまざまな課題を大人に置き換えてチェックリストをつくってみたのです。

不思議なことがわかりました。子どもの社会性の課題は、そのままそっくり大人の社会性に関する課題問題に置き換えられるのです。

このことは何を意味するのでしょうか？

私は「社会性の課題は一生ものである」ことを示していると思います。つまり、子どもには子どもなりに身につけなければならない社会性があり、大人には大人なりの身につけねばならない社会性があるということです。そして案外、子どもにとっても、大人にとっても身につけなければならない社会性は似ているということです。

例えば、現代の子どもたちの中には「話しだしたら止まらない」子がいて、授業中、一人でしゃべっているために担任の先生が困ってしまう場合があります。カウンセリングを勉強している先生であればあるほど、「子どもの話をさえぎるべきか、それとも、最後まで聴いてあげたほうがよいか」と気持ちが引き裂かれるのではないでしょうか。しかし、その問題は子どもだけの問題ではなく、同じような問題が大人である教師の中にも見られるということです。つまり形を変えて、社会性についての課題は私たちの中に生き続けるとも言えます。社会性についてはどんな人でも「卒業した」と言い切れず、常に自分が取り組まなければならないテーマとなっているということです。

私はいま五九歳です。五十代になったから社会性の課題はクリアしているかというと、決してそうではありませんでした。五十代には五十代なりの必要とされる社会性、身につけなければならない社会的能力があったのです。

私にとって、五十代になってからの社会性の課題は、例えば、「親の葬式を行う」「相続をめぐる親族との関係を調整する」「土地の処分や購入などをめぐる交渉を行う」「職場でのリーダー的役割を果たす」「他機関と学生の実習をめぐる交渉を行う」「学内委員会の司会進行をスムーズに行う」「人事問題など互いに利害がからむ問題をめぐって自己主張していく」「後輩職員とのコミュニケーションをはかる」……などたくさんありますが、それらは、五十代になってからはじめて私の前にあらわれた課題なのです。

こう考えてみると、社会性に関しては、誰にとっても、何歳になっても課題があり、子どもも大人もみんな同じく〝学徒〟なのだ、ということがわかります。つまり社会性については みんなそれなりにつまずいたり悩んだりしながら歩んでいるのです。社会性についての課題をもっていない人は世の中にいない、と言っても過言ではないのです。

教師に求められる社会的能力

かつて私は、教師として求められる社会的能力について、分野別にまとめたことがあります（『教師のためのカウンセリング実践講座』金子書房、二〇〇七年所収）。次頁に、それを一部改変したものを表にしてみました（次頁）。

このほかにもまだあるかもしれませんが、私が〈心のピラミッド〉で提案している、自己表現力、自己コントロール力、状況判断力、問題解決力、親和的能力、思いやりの、六

1　子どもとの関係で必要な社会的能力

①子どもと信頼関係を形成する能力
②子どもに意欲が湧いてくるような雰囲気を醸し出す能力
③子どもの言葉や表情、行動の背後にある子どもの心を理解する能力
④子どもによく伝わるように教える能力
⑤子どもの成長発達を評価する能力
⑥集団としての子どもをまとめ、集団を子どもの成長に活かす能力
⑦危機に対応する能力

2　保護者との関係で必要な社会的能力

①保護者と電話などで連絡できる能力
②保護者の気持ちをくみとる能力
③保護者が安心し、子育てに意欲をもてるようにはたらきかける能力
④保護者と面談・面接する能力
⑤複数の保護者と話し合い、協力関係を築く能力

3　学校人として必要な社会的能力

①同僚や管理職と人間関係をつくる能力
②会議をまとめる能力
③自己主張する能力
④集団で検討・討議する能力
⑤人間関係からくる葛藤に耐える能力
⑥状況を判断する能力
⑦問題解決する能力
⑧同僚を援助する能力
⑨後輩を育てる能力
⑩行事を企画し遂行する能力
⑪リーダーシップをとる能力
⑫関係機関と連絡調整する能力
⑬自分の考えや研究を発表する能力

4　自己成長するための社会的能力

①心身の健康を維持する能力
②自分を客観視する能力
③行動を修正する能力
④自己研鑽する能力
⑤家庭的役割を果たす能力
⑥家庭と仕事のバランスをはかる能力
⑦学校と家庭とで愛情エネルギーを適切に配分する能力
⑧地域人として活動する能力

つの社会的能力（第1章3節参照）の教師バージョンと考えてください。

あなたがこれまで十分に身につけてきたもの、少しあやふやなもの、残念ながらまだ身につけていないもの、現在自分の課題となっているもの、などに分けられるのではないでしょうか。

「社会性」を超えて——社会性についての私の考え

近年重視されるようになった「社会性」

学校教育の世界では、ソーシャルスキル・トレーニング、ストレスマネジメント教育、ライフスキル・トレーニングなど、社会的能力の育成法が流行しています。これまで「放っておいてもいつかは身につくもの」と考えられてきた社会的能力が、放っておいては身につかないとわかってきたためです。子どもたちの社会的能力の未学習、未成熟に多くの教師が直面し、学校教育でなんとかしなければと問題意識をもつようになったのです。

その背景には、これまで子どもの社会的能力を育ててきた家庭や地域の教育力の低下があります。少し前までは、「そこまで、学校がやらなければならないのか」「それは家庭の問題」と学校教育から除外することも可能だったことが、そうは言ってもいられなくなったのです。

それと同時に、大人の社会性についてもよく取り上げられるようになりました。「空気が読めない」という言葉が若者の間ではやりだし、いまでは一般化しています。教師のソーシャルスキル・トレーニングについても取り組まれるようになりました。これまで「そういう性格だから」と言って、ある意味であきらめていたものが、トレーニングによって変容するものでもあると、前向きに取り組むようになったのです。

子どもの社会的能力の育成の自覚は、私が以前から思っていたことでもあり、これまで私なりに提案や実践を行ってきたことでもあります。ですから、もとより異存はないのですが、近年の風潮にやや違和感を覚えることもあります。それは、社会性が必要以上に重視されてきていることです。

その子自身のあり方と社会性

私が教育相談員になりたての頃、当時、東京都立教育研究所の教育相談員だった平田慶子先生に言われた言葉をいまでも覚えています。

ソーシャルスキル・トレーニングについて、私は、わが国に紹介されるずいぶん前から知っていました。アメリカで出版されたばかりの研究書を、まだ教育センター勤務だった私に春木豊先生が何冊も貸してくれたのです。

春木先生は早稲田大学の私の恩師でもあり、わが国に行動療法を紹介した人でもあります。大変な勉強家で、外国の先進的な研究を誰よりも早くご存じでした。ご自分では臨床はなさらず、あくまで学習心理学の基礎研究者であったのですが、ある時期から呼吸法や太極拳、気功など東洋的養生法の研究や行動主義心理学、健康心理学の分野に移られました。早く教育臨床の現場に出てしまった私が日々の仕事に追われていることを気にかけてくださったのだと思いますが、「菅野君、こんな本があるよ」と購入したばかりの本をご自分から貸してくださったのです。

平田先生とご一緒したのは、いじめについてのシンポジウムでした。私は、シンポジストの一人として、自分が相談で担当している男の子の服装や身だしなみについて話しました。

その子は行動がなんとなく不器用で、ベルトの位置がお腹のあたりまで上がっており、そうした外見的な見かけもまた、からかいやいじめの対象となっていました。そこで、私は、いじめられ防止のために、服装などの外見や行動という変えやすいものから変えていくということを提案したのです。そのとき、助言者だった平田先生がこう言われました。「不器用は、不器用なりの迫力でいじめに対抗することもできる」と。

ソーシャルスキル・トレーニングから学んだことを何となく得意げに話していた私にとって、平田先生の言葉は、頭から水をかけられたような体験でした。子どもを支える、応援するときの重心をどこに置くかについて、あらためて私は考えたのです。

その子の服装について他児が感じる違和感に気づかせ、違和感のないものに変えていくことを助言するのも、いじめ予防のあり方の一つでしょう。しかし平田先生の考えは違いました。子どもの一般的基準に合わせてみんなと同じような服装になり、違和感からのいじめを防いだりやわらげたりするのでなく、不器用であるというその子自身のあり方をしっかり認め、その子がその子なりのあり方でしっかり歩んでいけるように応援する、というものでした。

どんなおかしな服装でも、堂々と着ていれば、いつしか人は認めるようになります。教育相談員という立場で大事なことは、その子らしさを認めることと、その子らしい生き方を応援することではないか、と私は思いました。正確に言えば、私は相談員として、その二つのことをいつも視野に入れながらやっていこうと思ったのでした。

平田先生の言葉は、私に学生時代に出合った一つの言葉を思い出させました。吃音について私なりに研究していたときに出合った、吃音をなんとか治そう治そうとばかりに目を向けるのではなく「私たちは立派な吃音者になろう。吃音であっても堂々としゃべろう」という「吃音者宣言」です。平田先生の言葉に、その「吃音者宣言」に出合ったときと同質の感動を覚えたのです。

「社会性」を超える

社会性は十分身についているのに、なんとなく中身が薄いといった印象の人がいます。教師の世界にも社会的能力が強く求められるようになり、プレゼンテーションや社交術といった社会的行動力に長けた人が〝出世〟したりすることがよく見られるようになりました。なかには、問題回避的で、言葉巧みだが誠実みがない、思いやりに欠ける、といった人が、持ち前の社会性で管理職にまでなる例もあります。

私自身も、周囲からそういうふうに言われている人と一緒に仕事をしたことがあります。

会議のときは「心ここにあらず」という感じで放心していたり、ときどきイライラしたりしているのがわかります。早く別なことをしたいとでも思っているかのようです。会議には責任ある立場ですが、参加者にあまり元気を与えるような言葉も行動もありません。むしろ、いつも会議のトーンを下げているような感じさえします。しかし、会議の最後にあいさつを求められると、実に上手なのです。要点をよくふまえて、しっかりまとめます。

私は少し驚きました。「こういう人が出世していくのか」とも思いました。と同時に、こういう人のもとで働かなければならない、多くの先生方のことも思いました。私が親しくおつきあいしている先生方の多くは、どちらかというと反対のタイプの先生方であることを、確認もしたのでした。

私の知っているある小学校教師（男性）は、いつもくたびれた格好をしています。風采も決してかっこよくないのです（むしろ、冴えないほうかもしれません）。話しだすと夢中になって唾を飛ばしてしまうので、一部の女子から嫌がられていました。授業はよく脱線してしまいます。およそ管埋職とは無縁なコースを歩みました。でも、多くの子どもたちはその先生が大好きでした。その先生は、何よりも子どもが大好きだったからです。あたたかみと誠実さ、純粋さが、子どもたちの心によく伝わっていました。それがその先生の社会性の弱さを十分補っていたのです。

子どもたちはよく同窓会を開きます。子どもたちが社会人となったいまでは、子どもたちの社会性のほうが先生よりも洗練されています。でも、その先生のクラスの子どもたちは大人になっても、先生のことを慕っているのです。クラス会などでは、先生の社会性のなさをかつての子どもたちのほうが補いながらも、自分たちが先生に何を見ていたか、自分は先生の何に心ひかれるのかを確認するのです。

カウンセラーとしての私の中にも二つの気持ちがあります。先生方に大人として恥ずかしくない、子どものモデルとなるような社会性をしっかり身につけてほしい、という気持ちが一つです。でももう一つは、先生くらいは世の中の流れにそんなに沿わなくてもいいのではないか、という気持ちです。〝天然記念物〟なんて陰で言われる先生の存在に、ほっとする子どももいるのではないでしょうか。先日亡くなった忌野清志郎の「ぼくの好きな先生」という歌を思い出します。

社会性を大事にはするけれども、社会性にとらわれない生き方、社会性を超える生き方とでも言うのでしょうか。

第4章

心の基礎が揺らぐとき

この章では、私たちの心の基礎の〝危機〟について、事例をもとに考えます。
子どもや保護者との関係、同僚や管理職との関係、家族の人間関係、親の介護、自分の心身の不調など、長い教員生活の中にはさまざまな問題が起こります。そうした、先生方が実際に経験された危機と、それをどうとらえてどう乗り越えたかを手がかりに、メンタルヘルスを保つにはどうしたらいいかを考えます。

1 追い詰められていく教師の心
――一人の教師の事例から

子どもの理解しがたい行動

「何が彼の心の中に起こっているのだろう?」

はじめ、担任のT先生（女性）はそのことに悩みました。

その子は、T先生が担任する小学五年生の男の子です。理由もなく友達の鉛筆を三階の窓から投げてしまいます。それから、ペンケースを。そしてノート、教科書と、次第にエスカレートしていきます。相手の子のほうは、いつもの悪ふざけと受け取り「やめろよ」と制止しましたが、その子は顔色一つ変えずに投げ続けます。結局、T先生が駆けつけるまでに、椅子、机……一切の物が窓の下に投げられてしまったのです。

まったく理由もなく(としか思えないのですが)、そばにいた小柄な女の子の顔面を殴りつけたこともありました。鼻血を出して泣き続けるその女の子の周りを、「ヤッター」と叫んではやしたてながら回ったのです。

こうした行動に刺激されたかのように、クラスの男子数人が揺れ始めました。彼を怖れ、追従し始めたのです。

被害を受けた子どもの保護者たちも騒ぎ出します。しかし、不思議に保護者どうしは責め合わず、攻撃の矛先はいつも担任のT先生に向かうのです。保護者たちは電話で情報をやりとりしているらしく、同じような口調でT先生に容赦のない非難を浴びせるのです。

T先生が問題の男の子を指導すればするほど、その子との関係は悪くなります。そのうちに男の子の父親から、「なぜ、うちの子ばかり問題児扱いするのだ」という抗議の電話が入るようになりました。加害の立場にあるその子が、「ぼくばかり叱られる」と被害感を抱き、問題がいつのまにか担任の指導力の問題にすり替わってしまったのです。

クラスの保護者たちと連絡をとるたびに、T先生は虚しさと激しい疲労感を覚えるようになりました。

弱音を吐きにくい人

しっかりした人ほど弱音を吐きにくいのです。カウンセラーである私からみると、「救いの求め方がうまくない」、T先生はまさにそんな方でした。

前述のクラスの状況の断片をはじめて私に話されたとき、T先生は、以前から教育相談研修会の熱心な参加者だったので、研修会の帰りにふと講師である私にあいさつにきたという感じでした。はじめは笑みを浮かべながら「たいしたことではないのですが」と、立ち話で始まりました。しかし、聞けば聞くほど状況は深刻であることがわかりました。翌日、カウンセリングルームに来ていただいて、腰を据えて聞くことにしたのです。

転任したばかりの学校で、T先生は孤立無援に近い状態でした。教育相談のベテランとして名前が知られていただけに、プライドもうかがえました。まわりの先生方も声をかけにくかったのかもしれません。T先生の話からは、新任の学校で、周囲から「教育相談のお手並み拝見」といった冷ややかな目もそそがれているように私には思われました。問題となっている子どもたちのこれまでの様子を旧担任に尋ねても、「俺のときはそんなことなかったなあ」といった、にべもない返事が返ってきたりしているからです。

T先生は無理してゆとりがあるように装っていますが、心はもうぎりぎりのところにいるのではないかと私は感じました。私はT先生に、管理職の先生に応援を求めるようアドバイスしました。T先生ははじめのうち、「この程度のことで……」と戸惑っていましたが、「他者に救いを求めることも能力のうちなんですよ」という私の言葉で、やっと納得したのです。

管理職の対応

詳細な記録とともに、T先生は管理職に相談しました。しかし、校長先生や教頭先生が授業参観に行くと、子どもたちは豹変するのです。「いつもはこんなんじゃないんです」と説明すればするほど、クラスの子どものことを担任である自分が悪く言ってしまった、とT先生は自己嫌悪に陥ってしまうのでした。

そのうちに保護者の苦情が管理職に寄せられるようになりました。「クラスの子どもたちが荒れているのはT先生のせいだ。T先生がクラスの子どもたちに愛情をそそいでいないために、みんな愛情飢餓状態になっているから荒れるのだ」といったものでした。

T先生はどんどん憔悴していくように見えました。かつてのゆとりの表情はなくなり、私との面接でも深いため息をついたり、話がときどき錯綜するなど、精神的に限界に近づいているように思われました。私自身も校長先生とお会いして話し合ったのですが、カウンセリングルームで私に見せている姿と、学校で出している姿は違うのか、T先生の精神状態についてのとらえ方はかなり異なりました。〃限界寸前〃ととらえる私に、「あの方は、ベテランでしっかりしているから大丈夫です」という言葉が返ってきました。

T先生の張り詰めていた心の糸が切れたのはその直後のことです。T先生の言葉によれば、「校長先生を信頼していたのに裏切られた」とのことでした。

不信感に陥ってしまった理由の一つは、T先生が心身ともに疲労し学校を休んだ日に、校長先生がクラスに入り、子どもたちに「何でもよいから、T先生の悪いところを書きなさい」と言って、アンケートを取ったことでした。もう一つは、三日休んだ後、勤務に復帰したその日の職員朝会で、校長先生が「T先生は、いま、とても弱気になっております。先生方、協力してくださいと話したことでした。

翌日、T先生の家族からの連絡によって、もうこれ以上教壇に立つことは無理であることを、校長先生は知ったのです。

教師の現在

いま、教師ほど難しい職業はないのではないか、と私は思うのです。

集団の中でのふるまい方をほとんど身につけてこない子、一対一で指示しないと動きだせない子、意思疎通がきわめて難しい子、人間不信の強い子、学校でストレスを思いっきり発散する子、何を考えているのか容易に推し量れない子……。不登校、発達障害、いじめといった問題にも教師誰もが出合います。そこでは「集団と個」というテーマがいつも葛藤を生じさせます。集団を見ながら個にも丁寧にかかわる、あるいは、個にかかわりながら集団を見る、ということは、〝神業《かみわざ》〟に近い行為だと思うのです。しかしいま、教師たちは、それを求められています。

保護者との関係も難しくなりました。「うちの子のことで、先生の手を煩わせて申しわけない」と思う保護者がどれだけいるでしょうか。教師が保護者から感謝の言葉を聞くこともずいぶん減りました。

その他、マスコミなども、教師の仕事をプラスに評価し、教師の心を元気づけ、励ますことはきわめて稀と言うほかありません。時には、「不当だ」と思うくらい社会のあらゆる問題のツケを担わされます。

現在、わが国の多くの教師たちは、そんな状況の中で「教師」という職業をなんとか全うしようと奮闘しているのではないでしょうか。しかし、そうした中で、ある者はうつ状態に陥ったり、ある者は燃えつき症候群に陥ったりしてしまうかもしれません。現代の教師の誰もが、精神的に追い込まれて心を病む可能性がある、と言っても過言ではないでしょう。

2 「心のピラミッド」が揺らぐとき

揺らいでいくプロセス——T先生の場合

これまで教師としての自分の基礎としてあったものが揺らぐときは、どんなプロセスをとるのでしょうか？　T先生の場合を参考にして考えてみましょう。

①これまでの自分が蓄積してきた知識では理解できない子どもの行動・問題が出現する

↓

②これまでの自分が蓄積してきた指導法では対処できず、問題が拡大し深刻化していく

③被害的立場の子どもの保護者からクラス指導について苦情が寄せられる

←

④なんとか収束しようとさらに強く指導すると、今度は加害的立場の子どもの保護者から非難される

←

⑤同僚の先生との関係が未確立のため、サポートが得られない

←

⑥プライドもあるために、自分からもサポートを求められない

←

⑦教育センターの教育相談員に相談する（管理職の理解とサポートを求めるようにアドバイスされる）

←

⑧管理職が授業参観するが子どもたちの普段の実態をつかめず、担任としての指導困難さに理解を得られない

⑨保護者の苦情が担任を飛び越えて管理職に向かう
←
⑩管理職のほうでは「担任に問題があるのでは」というとらえ方になっていく
←
⑪管理職がT先生の指導上の問題点を探ろうと行動する
←
⑫管理職が全員の先生の前でT先生へのサポートを求めるが、T先生にとってはプライドが傷つく体験となる
←
⑬一連の管理職の対応から、T先生は管理職に「裏切られた」と感じる
←
⑭孤立感と無力感から精神的に追い込まれ、ノイローゼ症状が出る
←
⑮家族の強いすすめで休職する

揺らいだ原因

T先生の場合、何がここまで先生を追い詰めてしまったのでしょうか。

■自分の経験を超えた問題の出現

前節でも述べたように、子どもたちの問題は複雑化、多様化、重度化しています。背景に発達障害が隠れているもの、家庭的問題が隠れているもの、塾通いや習いごと（スポーツも含めて）のストレスが隠れているものなど、気づきにくく対応しにくい問題が多くなっています。

■保護者からの非難・攻撃

子どもと親とは密接な関係にあり、問題の一因は当然家庭にもあるのですが、学校での問題に対して「親である自分にも何か問題があるのかもしれない」という内省的な視点にはならず、他罰的態度（「自分は悪くない、悪いのは他の人だ」と、自分以外の人に原因を求める姿勢）になってしまう保護者がいます。学校が子どもの問題のすべての原因であるかのようなマスコミの論調も、そうした保護者の姿勢を後押ししていると、私は思います。

そうした保護者のあり方の背後には、子育てに対する不安や孤立感、過重な責任感からくるストレスなどもあるのですが、時にはそうした状況にいる母親が、問題を起こしているわが子、協力的でない夫、自分の育児に対して批判的な夫の親などへの「怒り」の感情を、思いきり学校に向けてきて、教師への容赦ない人格攻撃となってしまう場合もあるのです。

■校内のピア・サポート態勢の問題

教師どうしが互いに助け合い、支え合う態勢が、いま一つ十分ではない学校があります。障害のある子どもや問題傾向のある子ども複数を新任の先生に担任させる、子どもについての情報を求めても十分把握していない、情報の引き継ぎがなされていない、互いに情報を与え合わない、などの問題が見られることがあります。

また、校内に表面にはあらわれない対立がある場合もあります。T先生の学校では、管理職と一般教員との間に溝があり、教員の中にも異なる組合に所属する者どうしの対立など、はた目にわからない対立構造がありました。

■救いを求める力

私はT先生に「救いを求めることも能力のうちなんですよ」と言いました。T先生の中に、「指導で困ったときに助けを求める」＝「弱い、ダメな教師」といった図式があるように思ったからです。

実際、これまでT先生の成長を支えてきたのは、弱音を吐かない強さであり、プライドの高さでもありました。しかし、こうした事態になって、それが裏目に出てしまいました。同僚の先生方も援助の手を差し伸べにくく、次第に「では、自分で頑張ったら」といった突き放した態度になってしまったのです。T先生の窮状は管理職にもうまく伝わりませんでした。

■管理職の対応

管理職のとった方針はどうだったでしょうか。校長先生はT先生の状態をそれほど深刻視していませんでした。もしかするとT先生のほうも、私のところに相談にきたときのような感じだったのかもしれません。「それほどたいしたことではありませんが」と。

実際に、管理職が授業参観に行くと、子どもたちは〝いい子〟になってしまいます。それなのに親からは苦情が来る、となると、問題の原因はT先生、となってしまいます。

だからこそ、T先生との対話を重ねることによるより詳しい情報把握、保護者からの情報の吟味と検討、子どもたちの行動のより深い理解、子どもたちからの情報収集の際のT先生への配慮……などが、管理職にもう少しあったらと思います。

管理職の先生から見ると、T先生はタフで、動じないベテラン教師に見えたのかもしれません。どんなに強く見える人でも、子どもや保護者から打たれ続け、無力感と自信喪失、そして孤立無援状態になれば、心は折れてしまうものなのです。

その後のT先生

T先生の場合、「心のピラミッド」の一番てっぺん部分から下の層に向かって崩れていったという感があります。

はじめに、子どもへの指導がうまくいかなくなります。次に、保護者との関係や同僚関係、管理職との関係などにひびが入ります。社会的能力がうまく発揮されなくなるのです。次に、「心のエネルギー」を消耗し、吸い取られることが頻繁に起こっていきました。そして最後には、管理職不信、同僚不信、人間不信に陥ってしまうのです。

休職期間中、T先生はカウンセリングを受けるようになります。そこで、T先生はクラスの子どもたちや保護者とのかかわりばかりでなく、わが子、夫、自分の親、きょうだい……とのこれまでのかかわりを整理して考えるようになりました。

もともと真面目な、勤勉な性格の先生です。真剣に自分自身の問題に取り組む姿に、私は心打たれました。校内体制も、T先生の出来事を機会に見直しがはかられるようになりました。

一年後、T先生は学校に復帰しました。私に語ってくれたのは、そのときのかつてのクラスの子どもたちの様子です

新学期、復帰して学校に出てきたT先生に、六年生となったかつてのクラスの子どもたちが、「Tせんせ〜」と駆け寄ってくれたそうです。そのとき、当時は問題の子どもの対応に追われていたためにあまりかかわることの多くなかった子どもも何人かいました。自

分のゆとりがなくなって十分なことをしてあげられなかった子どもたちなのに、こんなふうに私を迎えてくれるなんてと、こみあげてくるものがあったそうです。

〈子どものよさ〉体験から、T先生の「心のピラミッド」が、またしっかりと再建されていったのです。

3 「心のピラミッド」崩壊の危機を乗り越える——もう一つの事例から

T先生と同じような体験をした先生をもう一人紹介しましょう。その先生に、私は本誌の特集で読者として出会いました。『月刊学校教育相談』二〇〇七年一一月号の特集、「職場のメンタルヘルスを願う小さな工夫」という特集に「たくさんの人に直接的・間接的にしてもらったこと」という文章を載せている藤田佳子先生です。

教師になったばかりで、保護者とのかかわりにトラブルを抱え、いつしか次第に追い詰められていった藤田先生は、ある日家族から「最近顔つき変だよ」と言われます。「その頃は保護者との対応で、毎日ドキドキしていました」と藤田先生は書いています。「明日はどんなことが待っているのだろうと思うと恐怖でした」とも。

藤田先生の文章には、具体的にはクラスで何があったかは書かれていないのですが、「教師は子どもや保護者の人権を守った話し方をしなくてはなりません。しかし、教師のほうは（子どもや保護者から）人権を無視した言葉を浴びせられます」という文章から、若い藤田先生がどんな日々を過ごしていたかが想像されます。

おそらく、問題の出始めの頃のT先生と同じような日々だったのでしょう。

しかし、藤田先生の学校では、藤田先生に対してさまざまなサポートがなされました。どんなサポートがあったのか、私なりにまとめてみました。「　」は原文にある藤田先生の言葉です。

■学年団が応援してくれた

・学年主任の先生は「困ったことは学年で共有すること。特に学年主任の先生には知らせておくこと。学年で対応を話し合って、必要であれば学年団で学校長にも知らせておくこと」と藤田先生によく話してくれた。

・経験豊富な先生方がアドバイスしてくれた。例えば、

「今の私と同じことをできなくても当たり前なのよ。それだけ私は経験を積んできて

いるのだもの。同じことができたら私が困っちゃうわ」

〈藤田先生の変化〉

『焦らなくていいのよ。今できる最大限をしなさい。あなたはあなたなのよ』と言われているようで、一つひとつの経験を必ず学べるものにしようと思うようになった」

「今の私が周りの先生に困ったことを話せるのは、この一年があってのことだと思います」

・学年団で積極的に校長室を訪れ、学年の子どもの現状を話し、学校としての対応を聞いた。（新卒の先生が単独では入りにくい校長室も、学年団でならスムーズに入れます。「今考えると、その学年主任の先生は、私に学校長への相談の仕方を教えてくれるために、あえてそういう行動をとっていたのかもしれません」と藤田先生は振り返ります。）

■管理職も保護者との関係をサポートしてくれた

・学年主任・管理職が保護者との面談に入ってくれた。藤田先生の指導への思いを主任の先生が保護者に話してくれ、管理職は親としての子どもへのかかわり方を話してくれた。藤田先生自身も懇談会や学級通信で言っていることを、「同じことを管理職が毅然とした態度で保護者に話すということは、また意味合いが違ってくるものだと思いました。管理職がそのような話を保護者にしてくれたこと自体が、私には心強いことでした。そのことで、「学校は一緒に考えてくれている、私をやっかいと思っていない、味方なんだ」と藤田先生は思うようになった。

■管理職や仲間の先生方がそれとなく心配してくれた

・教頭先生から「ちゃんとごはん食べている？」と声をかけられ、「ちょっと近くを通りがかったから。この店のお菓子が好きなんだ。頑張ろうね」と、かごに入ったお菓子をいただく。「うれしくてうれしくて、食べずにずっととっておきました。涙が出ました」。

・仲間の先生が、「私の席の後ろを通っていくときに、肩を揉んで『こっているね。大丈夫？』と、声をかけてくれる」。

・「専門の先生に相談してみようよ」と、勉強会に誘ってくれた。

■自主勉強会に参加するようになり、問題の整理法と克服法を学ぶ

・「勉強会に参加していく中で、だんだんと自分の頭の中が整理されていくのがわかりま

した」。

・「自分を責めない」ということを学ぶ。勉強会で、「保護者に電話するときは、『わたしは悪くない』と書いた札を前に置いて、それを見ながら電話しなさい」とアドバイスされる。それまでは「私がこうだからこうなったんじゃないか」と知らず知らずのうちに自分を責めていた。

■周囲からのサポートによって心にゆとりが出てくる

・勉強会に連れて行ってくれた先生がすぐに字の上手な先生に頼んで、墨で書いた札を渡してくれる。『わたしは悪くない』『わたしは女神です』という二枚の札。「一日に三回は、これを見て、このことを確認するんだよ」と言って、机の一番見えやすいところに置いてくれる。「その字から伝わる温かさと、私のために用意してくださったという心の温かさが私の心にとても染み入りました」。

・「大変なときこそ、周りの子どもをよく見る」というように授業に工夫をしていく。「子どものキラキラした顔を見ると、大変なことも忘れ、また頑張ろうという意欲がわいてきます。大変なところだけに目をうばわれずに広い視野でいることと、子ども全体を見ることを心がけました」。

・目の前のことだけでなく、先のことを見て予想を立てるようアドバイスを受ける。「予想を立てていれば、ある程度のことは余裕をもって受け入れられ」ると思うようになる。

最後に藤田先生はこのように自分の体験をまとめています。

①たくさんの先生からたくさんのアドバイスをいただいたことで乗り越えられた。
②私は一人じゃない」「たくさんの人に支えられている」ことを感じ、「味方がいる」と実感できた。
③自分の大変な気持ちを理解してもらえた。

以上が、自分の危機を乗り越えられた理由であると。

藤田先生の文章の最後は、このような言葉で終わっています。

「この先、このときの私と同じように迷い立ち止まっている仲間がいたら、『私は味方だよ』と孤独に感じさせることがないようにしていきたいと思います」

4　心の危機の中の二人の先生

T先生と藤田先生の事例を対照してみましょう。

まず共通項があります。二人とも小学校の先生で、T先生にとっては異動したばかりの学校であり、藤田先生にとっては新卒での初めての学校です。二人とも校内の人間関係が十分形成されていない時点での問題の発生でした。

そして、保護者との関係が難しくなり、プライドや心を傷つけられることを言われたりする体験をします。

そこまでは共通なのですが、この先の展開が異なっていきます。

T先生の学校での教員間のピア・サポート態勢と、藤田先生の学校では大きく異なるのです。藤田先生は学年の先生方（「学年団」という言葉は、この場合なんと頼もしい言葉なのでしょう）にアドバイスを受けたり、管理職とのコミュニケーションの方法を伝授されたり、専門家の助言を受けるべく勉強会に連れて行ってもらったり、体調の心配をしてもらったりと、周囲から大きなサポートを受けていきます。この展開が、T先生とは明と暗なのです。

さまざまな理由が考えられるでしょう。T先生のように〝ベテラン〟になると、周囲も助け船を出しにくくなり、本人もプライドがあるために援助関係になりにくいということもあるかもしれません。新卒の先生の強みは、できなくて当然と、周囲からも評価がやさしくなり、さまざまな手が差し延べられやすい点にあります。

結果的に藤田先生は自分の大変さについて周囲の先生方や管理職の理解を得、孤立無援状態からも免れます。一方、T先生の場合は、管理職からも同僚からも理解されることなく、まさに孤立無援状態に陥ってしまいます。

家族がそれぞれの先生の〝異常〟に気づく時期も、藤田先生の場合はT先生より早かったのではないでしょうか。T先生はそれだけ、家族の前でも弱音を吐かずに平常でいたのだと思います。でも、それが危機状態の発見を遅らせてしまうのです。

二つの事例からわかることは、管理職や同僚教師の動き方次第で、一人の教師が休職や退職に追い込まれもし、反対に、困難を乗り越えてやがて同僚を援助する側に立つ教師として成長することもあるということです。

「コラム2」（一五三頁）に管理職が行う心理的サポートを、「コラム3」（一五四〜一五五頁）に学校全体のメンタルヘルス度についてのチェックリストを紹介しておきました。あなたの学校はいかがですか。

5　教師のメンタルヘルス

本章の最後に、教師のメンタルヘルスについて考えてみましょう。

ベテラン教師ほどメンタルヘルスの危機

教師の心がつまずく要因はさまざまです。

年齢が上がるに伴って、その要因は増えてくると言えるでしょう。例えば、中年期以降の教師には、これまで述べてきた「子どもとの関係」「保護者との関係」「管理職との関係」「同僚との関係」などの教師としてのストレスの他に、家族との関係や社会経済的な問題などさまざまなストレス源（ストレッサー）が生じてきます。例えば次に挙げた項目は、一定以上の年齢になれば誰にでも起こる可能性があります。

□配偶者の病気や死
□夫婦関係のひび割れ
□離婚
□思春期・青年期に入ったわが子との関係
□老親の介護問題
□親族の死
□友人の死
□自分の病気やけが
□家族の病気やけが
□身体機能の衰え
□配偶者の転勤や子どもの一人暮らしによる家族の分散
□人間関係のもつれ

□子どもの教育費の負担増
□住宅ローンなど財政的逼迫
□親戚との金銭トラブル（相続問題など）
□管理職コース選択など、自分の進路や生き方への迷い

最近の教師のストレスについての研究でも、教職経験年数が多くなるほど、ストレッサーが多くなり、ストレス反応も強くなるという結果が出ています。しかし一方で、自己効力感や「コーピング」とよばれるストレス対処力が高くなるという結果も出ています[註1]。

気になるのは、教職経験年数の多いベテラン教師のストレス対処法です。本当は教職経験を積んでいく中でさまざまな問題に出合い、その分だけ多様なストレス対処法を獲得しているはずのベテラン教師が、「回避的コーピング」（問題を避けることでストレス状況をしのごうとする方法）を多く採用しているのです。そしてその結果、かえってストレス反応が増幅している結果となっているのです。

その原因として、ベテラン教師があまりにもストレスを蓄積し、心のゆとりがなくなって適切な問題対処法がとれなくなっているからかもしれない、と研究者たちは指摘してい

ます。

実際、心のゆとりがなくなると、問題解決法がワンパターンになってしまいがちです。

自分のメンタルヘルスを保つためには、

①まず自分のストレッサーに気づき、

②自分がどんなストレス反応になりやすいかを知り、

③自分なりのストレス対処法をもつことです。

メンタルヘルスを保つ
——その1　自分の「ストレッサー」と「ストレス反応」に気づく

「ストレッサー」とは、ストレスの原因となること、つまり、一四四〜一四五頁に挙げたチェック項目は、その代表的なものだと言えるでしょう。

「ストレス反応」は、次頁の表のようにさまざまな症状や行動としてあらわれます。

表　ストレス反応のあらわれ方

◆精神的症状（例）
・集中困難
・意思決定困難
・自信喪失
・過度の疲労感
・度忘れ
・合理的判断が困難
・時間的プレッシャーを過度に感じる
・性急な意思決定
・思考がまとまらない
・展望を見失う

◆感情的症状（例）
・イライラ、怒りの爆発
・失望感
・敵対心、憤慨、強い憎しみ
・罪悪感
・皮肉
・過度な攻撃心
・うつ感覚
・悪夢
・危機感
・不機嫌
・すすり泣き
・批判に対する恐れ

◆身体症状（例）
・肩や腰の痛みなど筋緊張
・異常な呼吸
・手のひらの汗
・冷たい指先
・口の渇き

- めまい発作
- 胸の動悸
- 甲高くなる声
- 胃が締まるような感じ
- 吐き気
- 頻尿
- 下痢
- 顎のこわばり
- 落ち着きのなさ
- 手の震え

◆行動的症状（例）

- 喫煙量や飲酒量の増加
- 食事量の増加、または減少
- 睡眠の増加、または減少
- 爪かみ
- 抜毛
- 社会的ひきこもり
- 外観や衛生状態への無関心
- 無謀運転
- 貧乏ゆすり、指のタッピング、しかめっ面、舌打ち、などのくせ
- 止まらない会話
- 強迫的行動（施錠の確認、過度の手洗い、必要のない買い物、など）
- 仕事中毒、または欠勤

チャンドラ・パテル（竹中晃二・訳）『ガイドブック・ストレスマネジメント―原因と結果、その対処法』（信山社出版、一九九五年）より一部表現を変えて作成。

メンタルヘルスを保つ
——その2　ストレス対処力をもつ

何でもおしゃべりできる友達がいる、困ったときには「困った」と言える、心を豊かにし和ませる趣味をもつ……といった、心をリラックスさせる方法をたくさんもっていること。感情表現や言語表現を豊かに行うこと。問題を一つ一つ片づけていく、しばらくその問題から離れてみる、無理やりなんとかしようと思わずに状況をありのまま受け入れるなど、柔軟な問題解決法のレパートリーをもつこと。自分の行動や感情を自己コントロールすること。これらがストレスへの対処力となる、というのがストレス研究からの知恵です。

ストレスとともに生きる

「メンタルヘルスを保つ」ための、あなたに合った方法のヒントが見つかったでしょうか。

私はストレスの文献をいろいろ読みながら、自分に当てはまる症状がやたらと多いことに

自己効力感を中心としたストレス対処尺度	
□	どんなつらいことが発生するか、予測できる
□	イライラしているときでもリラックスできる
□	映画や演劇を見て心から笑ったり泣いたりできる
□	どんなときでも冷静に判断できる
□	つらいときでも辛抱できる
□	物事の悪い面だけでなくよい面にも気づくことができる
□	困ったことがあれば、相談できる人がいる
□	困難に出合っても、積極的にチャレンジできる
□	どんなときも、ユーモアを忘れない
□	怒りで爆発しそうになっても抑えることができる
□	お茶やコーヒーでくつろぐことができる
□	イライラしたとき、身体を動かして発散できる
□	むかついたときの気分転換法をもっている
□	自分をそれなりに評価できる
□	嫌なことは嫌とはっきり主張することができる
□	時間を忘れるほど没頭することができる
□	自分の思いどおりにできることがある
□	時には人の気持ちをわかってあげることができる
□	人を引っぱっていける得意なことをもっている
□	世の中の役に立っていると思うことができる

山田冨美雄「ベッドサイドのストレスマネジメントから平時のストレスマネジメント教育へ」(津田彰／J．O．プロチャスカ編『新しいストレスマネジメントの実際』現代のエスプリ469、至文堂、2006年、所収）に引用された「ストレスマネジメント自己効力感尺度」（SMSE－20）をもとに、一部表現を変えて作成。

気がつきました。それと同時に、ストレス対処法も、自分自身がけっこうもっていることに気づきました。

例えば、いま原稿を書いている私の部屋の書棚には、モデルガンやアイヌの小刀マキリのレプリカ、玩具の刀、車のミニチュア、東京オリンピック記念メダル、石器の矢尻、古代瓦の破片、模型飛行機のキット、森永キャラメルの大きな空き箱……など、あらためて挙げてみると少し恥ずかしくなるようなグッズが雑然と置いてあります。別の書棚には、中古で買ってきたたくさんの映画のビデオ、ニューミュージックやフォークソング、ジャズ、ロック、クラシック、民族音楽、演歌などこれまた雑多なCD、そして専門には関係のない多くの本が並んでいます。

たぶん、私はたくさんストレスを感じ、一方であれこれストレス対処をしながら生きているのでしょう。あなたもそうではないでしょうか。前頁の「ストレス対処尺度」表をチェックしてみることで、自分のストレス対処法に気づくこともあるのではないでしょうか。

『風立ちぬ』などの名作を書いた堀辰雄は、結核という病気とともに生きてきた人です。終焉の地となった信濃追分の家の離れとして建てた和風の書庫の完成を、病床から双眼鏡で眺めていたと、多恵子夫人は書かれています。しかし、ついに一歩もその書庫に入ることなく亡くなりました。ある人が堀辰雄のことを「病気を自分の内側に取り入れ、上手に生き抜いた人」と表現していました。

私はその言葉に接したときに、少し気が軽くなった覚えがあります。私たちが直面する病気や精神的ストレスも、そう考えられないでしょうか。

ストレスを軽減するための努力や研究を否定しているわけではありません。しかし私たちは、肉体的にも精神的にもどこか不完全な存在であるように思うのです。完全をめざして健康やストレス軽減のために歩む道もあるでしょう。でも、病気やストレスと一緒に歩む道もあるはずです。

私が、ストレス研究に向かわず、なんだかはっきりすっきりしないどろどろの分野を歩んでいるのも、私は後者の道を選ぶ人だからかもしれません。あなたはいかがですか。

註1　清水安夫・米山恵美子・松尾一絵「教師のワークストレスとストレスマネジメント教育」、津田彰／J．O．プロチャスカ編『新しいストレスマネジメントの実際』現代のエスプリ469、至文堂、二〇〇六年、所収

Column◆2

学校管理職のカウンセリング的役割

■児童・生徒を対象とするサポート

□児童・生徒の心身の不適応問題を把握し、その対応を教職員に促す

□校内の雰囲気（すさんでいる、落ち着かない、覇気がない、など）に心を配る

□学級担任の依頼を受けて問題の子どもを指導する、保健室や相談室などに登校する児童・生徒の情報をよく把握し、管理職の立場からはたらきかける

■保護者への心理的サポート

□学校の最高責任者として、保護者からの苦情や要望に対応し、悩みの相談にのる

□教師・保護者間のトラブルを解消する

□保護者間のトラブルを解決する

□子どもの心理的問題について啓発する

■教職員への心理的サポート

□構成員である教師たちをしっかり見守る

□教師一人ひとりをよく理解する

□教師の心に元気を与えてくれる

□校長室を風通しの良いものにしていく

参考　菅野純／編著『教師のための学校カウンセリング学・小学校編』現代のエスプリ 471、至文堂、2006 年

□全体的に無気力で無力感がただよう
□新しいことにチャレンジしようとしない
□学年間や教師間、あるいはその他の教師集団の壁が厚く、互いに批難し合うことが多い
□みんなで長い時間かけて討議したことも、誰かの一言で覆ってしまう
□孤立する教師、いじめにあう教師が常にいる
□指導や理念をめぐる意見が歩み寄ることがない
□職員旅行やレクリエーションなどに参加する教師が少ない
□賭事や遊興に走る教師が多い
□誰かが何かに取り組んでも「お手並み拝見」と冷ややかな目で見ている教師が多い

☞チェックのついた項目の数から、結果について考えてみましょう

段階	□の数	健 全 度 診 断
健　　康	0～5	かなり健康です
やや健康	6～10	改善すべきことを探しましょう
要 注 意	11～15	機能がマヒしつつあり注意
危 機 的	16～20	力を合わせて立て直すべきです

参考　菅野純／編著『教師のための学校カウンセリング学・小学校編』現代のエスプリ 471、至文堂、2006 年

Column◆3

学校組織のメンタルヘルス度チェック

あなたの学校は集団としてどれくらい健康でしょうか

□互いのあいさつや感謝の言葉など元気を与え合う言葉が聞こえない

□机上の整理などきちんとしているが、雰囲気が窮屈すぎる

□１つの問題が生じると、それに付随してあとからあとから問題が噴出してくる

□毅然としてリーダーシップをとる人がいない

□管理職と一般教諭が完全に分かれ、教師たちは校長室に入ろうとしない

□教師集団が男女ではっきり分かれ、助け合いがない

□表面には見えない陰の集団があり、指揮系統が複雑である

□教師集団がいくつもの小グループに分裂している

□一度決まったことが、容易に修正されず、不合理なことでも無批判に続けている

□子どもや保護者の声に耳を傾ける姿勢がなく、独善的である

□保護者や地域に対して閉鎖的で、校内で生じた事故などが容易に開示されない

第5章

心の基礎をさらに補強するために

立ち止まって自分を改めて振り返る――いまの自分は何に恵まれ、何を乗り越え、何が身についているのか。そして何が足りないのか。その認識が、次なる第一歩となるのです。

「心の基礎づくり」という視点からの自分の心の整理と補強が、あなたが「なりたい教師」になることを、支えていくのです。

1　自分と学校組織にしなやかな対応力を

心の危機に対応できる自分と学校組織づくり

心の危機は誰にでも生じる可能性があります。言い換えれば、どんな人にも心の基礎が揺らぐときがあるということです。

そんなときに備えて、本書では、子どもたちの日々のさりげない行動や、大人を心配させ悩ませる問題行動の背後にある、子どもたちのメッセージ――「言葉にならない〈ことば〉」に気づくためにも、子どもとかかわる私たちが心のゆとりを自覚的につくっていくことの大事さや、どうすれば心のゆとりをつくることができるのかを、私なりにお伝えしてきました。

また、子どもの心に、心の基礎として「〈人間のよさ〉体験」「心のエネルギー」「社会的能力」の三つの層を育てていくために、いま、子どもを育て援助する大人である私たち自身が、自分の心の基礎を、立ち止まって再確認してみることを提案しました。

この章ではさらに、自分の心の危機が、どんな形であらわれるかを知り、自分の心と学校組織の中にしなやかな対応力をつける方法を考えておきたいと思います。

＊

端的に言えば、「心の教育」を子どもたちに行うための「自分づくり」「自分の再構築」といってもよいかもしれません。

ところで、本書をお読みのあなたは、これまで私が述べてきたことがまったく「新しい」ものではないということにお気づきのことと思います。あなたの中にすでに元からあって、いまもあるもの、そうしたものとずいぶん重なり合うことに。

2　わが国の教育に内在する「心の教育」

私は心理学を学んできましたが、「カウンセリングの導入によって学校教育を変える」といった考えはまったくもっていないのです。むしろ、カウンセリングは学校教育の中に吸収されるべきだと考えています。

いま、学校教育にさまざまな心理学的な考えや方法が紹介され導入されています。それらは、学校教育が社会の変化の中で対応困難な問題（例えば、通常の学級での発達障害への指導、保護者の意識の変化、家庭状況の変化、など）が生じたり、教師の多忙化によって十分な対応をしにくくなった面を補填するものであって、これまでの学校教育に取って代わるものでも、学校教育自体を変えるものでもないと、私は思っています。

そもそもわが国の学校教育は、昔から「心の教育」だったのです。わが国の教師たちは、常に子どもの心と向かい合ってきたのだと私は考えています。

例えば、教師が授業で教室に入ってきたとき、目の前に机に突っ伏している生徒がいたとします。わが国の教師はどうするでしょうか。「あなたは、カウンセラーのところに行きなさい。さあ、授業を始めます、レッスン、ワン」と授業を始めるでしょうか。おそらく多くの教師は、「○○さん、どうしたの?」と、その生徒に尋ねるのではないでしょうか。もし、その子が黙ったままだったら、周囲の子どもに「○○さん、何かあったの?」と聞くのではないでしょうか。そのために授業が五分、一〇分遅れることを「よし」とするのが、わが国の教師だと思うのです。

あるいは、授業中の子どもの発言の言葉遣いが乱暴であったり、ぞんざいな口のきき方であったりすれば、たとえ答は正しくともその言い方を注意し、正すのではないでしょうか。知育とともに心を育てるのが、昔からのわが国の教育だったからです。

こうしたわが国の教育のあり方の背景には、そうしたトータルな教育を求める、家庭や社会があったのではないでしょうか。そして、その共通の教育目標のために、家庭や地域も努力していたのではないでしょうか。ところが、いまは必ずしもその共通目標をもてないということ、そして、もてたとしても、学校に期待されるものがあまりにも多くなっているよう感じています。

現代では、知育以前、教科指導以前の問題が、どっと学校になだれこむようになり、教師が多くのエネルギーを費やさざるを得なくなりました。先生方が、勤務時間以降も夜遅くまで会議をしたり、児童生徒に対応したりされるのは、教育内容や技法をみんなで考えるといったことのためではなく、子どもたちが起こした問題への対応や指導のためであることが圧倒的に多いことでしょう。そのことを「教師がやるべきことでない」と考えている先生は少ないのではないでしょうか。

勉強以前、教科指導以前の問題に、すなわち子どもの心の問題や心と深く結びついている家庭の問題に多くの時間とエネルギーを費やしているのが、わが国の教育です。これは立派な「心の教育」なのです。

私はこうしたわが国の教育のよさをしっかり見つめることが大切だと思っています。欧米（特に心理学の盛んなアメリカ文化圏）で行われている〝新しい方法〟をわが国に直輸入することが、教育をよくするための方法ではないと考えるのです。

心理学を学んできた私の目から、わが国の学校教育を見てみると、先生方がいかに多様な能力をもっているかということに気づかされます。しかしそのことは、保護者や社会、マスコミからもあまり評価されることはありません。先生方のほうも、プラスのフィードバックがなされないために、自覚することが少ないのではないでしょうか。いつしか潜在してしまい、当の教師本人からも自覚されないままになってしまうそうした能力を、私は「残念だなあ」と思うのです。

そうしたわが国の教師たちがもっている潜在力を、私なりにいくつか挙げてみたいと思います。

3　教師の潜在力

私が考える教師の潜在能力を以下に挙げてみます。

集団教育力と個別教育力のバランス

クラスに多動の子どもがいて、知的に遅れているために授業の理解が困難な子がいて、家庭が不安定なために先生の心を独り占めしたい子がいて、不登校の子がいて、といった状況で、教育を円滑に行っていくのは至難のわざです。

しかし、わが国の教師の多くはこうした状況で、授業を行い、給食を食べさせ、掃除をさせ、クラブ活動や部活動、児童生徒会活動を指導しているのです。さらに、こうしたことに加えて、保護者との対応に毎日追われている教師もいるでしょう。

学校教育は本来、集団教育です。集団で学習指導を行い、集団生活の仕方を教え、集団の力を活かし、集団のよさを体験させます。しかし、子どもたちの中にはそれでは不十分な子がいます。集団的な指示では理解できず、その子だけにあらためて指導したり、集団を見ながらも個々の子どもの学習や行動にも目配りしたりする必要もあるのです。教師との個別的かかわりを求めるかのような気を引く行動をとる子や、問題を起こす子どももいます。集団場面を苦痛に感じたり、退屈に感じたり、集団場面だと混乱したりする子どもたちにも、個別対応しなければなりません。

わが国の教師たちは、集団教育力とともに個別教育力も身につけ、さらに授業と児童生徒指導の両者をバランスよく配分しながら指導を展開する力を身につけているのです。

個別的行動力と組織行動力とのバランス

教師の仕事の形態は、教室という教師が一人で多数の子どもを相手に指導する場面、個別に子どもとかかわる場面、そして学校組織の中の一人として同僚や管理職とかかわる場面があります。またＰＴＡの集まりや地域の組織など学校外部の人と学校代表としてかかわることもあることでしょう。教師は子どもや親と個別的にかかわり人間関係を築いていくと同時に、学校組織の中で仲間と協議したり協力し合ったりして学校経営や学年経営に参画し、子どもの問題に取り組んだり、学校行事などをみんなで運営していったりする組織行動力も求められるのです。

個性豊かであると同時に協調性もなければなりません。多くの先生方はこの二つの行動力をバランスよく使って、教師としての個別的仕事と組織人としての仕事をみごとにこなしているのです。

同調力

先生方と話していると、小学校の先生は小学校の先生らしく、中学校の先生は中学校の先生らしく、高校の先生は高校の先生らしいなあと、ときどき思うことがあります。それは特に、話し方、表情、ふるまいなどといった非言語的な面や行動的な面で感じるのです。研修会などにうかがっても、小学校の先生は小学生のように神妙にこちらの話を聴いているることが多く、中学校になるとやや反抗的な生徒に似た表情や態度の先生もいて、高校になるとやや〝ひねた〟態度の先生に出会ったりします。先生方がそれぞれ児童期心性、思春期心性、青年期心性に同調しているのがよくわかるのです。

研修の中でロールプレイングをすると、実にそれがはっきりします。それぞれの先生方が、小学生を、中学生を、高校生を演じるのがとても上手なのです。カウンセラーではなかなかそうはいきません。

わが国の教師の価値観の中に、子どもと一体化することの大事さがあります。子どもと同調する力です。いまかかわる子どもと同調することで、子どもとの間の垣根が低くなり、子どももかかわりやすくなります。また、子どもの目線に立ったものの見方も可能になります。何よりも、子どもたちとともに感動し、盛り上がる力となっていくのではないでしょうか。子どもとともに喜び、泣き、笑うことのできる教師像は、ある理想的な教師像として、後々まで多くの教え子や保護者の記憶に残っているのではないでしょうか。

共感力

同調力にすぐれると同時に、理解力や想像力にもすぐれ、子どもの心に歩み寄れる人が教師の中にはたくさんいます。それを共感力という言葉で言うこともできます。カウンセリングでは共感力が重視されますが、教師がカウンセリングに馴染んでいく背景の一つに、この共感力があるのでしょう。

私はクラスの子どものことを、わが子のように語る先生を大勢知っています。また、子どものことをわがことのように喜ぶ先生も。そうした共感力が、子どもの心にエネルギーをたくさん与えることは言うまでもありません。家では誰もわかってくれなかったことを、先生だけはわかってくれた、という体験が子どもを支えるのです。

学習力と学習態度

例えば、研修会などで先生方に心理技法などを紹介すると、その学習力に驚かされることがあります。例えば私は、「ほめ言葉の辞書づくり」という課題を先生方の研修会で行うことがあります。それぞれの先生方がもっているその先生ならではのほめ言葉を挙げてもらって、他の先生が挙げた自分のボキャブラリーにない言葉を身につけるよう練習するのです。多くの先生方は、三回ほど練習しただけで、あたかも自分が以前からその言葉で子どもたちをほめていたかのように、完全に身につけることができます。これは、ほめ言葉に限らず、ソーシャルスキル・トレーニングの方法、ペアレント・トレーニングの方法、はてはＫＪ法などの思考方法、あるいはパソコン操作法……など、あらゆる分野にわたります。こうした学習能力が高い人が教師になっているのです。

また、学ぶことに真摯であるということも、教師の特徴と言えます。自分のお金と自分の時間を費やして、自主的に研修会や勉強会に参加する先生がたくさんいます。先に紹介した私がかかわる勉強会には、夜間、仕事で疲れた身体で毎回、十数年も参加されている先生が何人もいるのです。私は、そうした先生方の姿に接するたびにいつも思うのです。「自分が先生方の立場だったら、こうまでして学ぼうとするだろうか」と。

学習から教授への移行力

特筆したいのは、先生方はご自身が学習したことを、立場を変えて子どもたちに教えることができる、ということです。これは、先生方が何かを学ぶときに、「学び手」の立場でだけではなく、「教え手」としての立場でも聞いているからでしょう。自分が学んだものを、自分とは理解力も学力も学習意欲も異なる子どもたちに教えていくためには、応用力ばかりでなく、児童生徒理解力、指導力など、総合的な力が必要です。それをごく普通に行うことができるのがわが国の教師なのです。

真面目力

「真面目力？」と首をひねる方もいるでしょうが、真面目で勤勉な人が多いという先方の特徴も、立派な能力だと感じています。たとえて言えば、農耕民族的な真面目さです。コツコツと積み上げ、一年かかって子どもたちを育てていきます。小学校ではこれを六年間持続し、中学・高校では三年間持続的に生徒を見ていきます。

教師の真面目さは、子どもの心を安心させます。多少、そのときはうまく伝わらなくとも、その子を思う真面目で誠実な気持ちから出た言葉の真意は、いつか通じるからです。子どもたちは教師を成長モデルにして、人生を真面目に生きることを学ぶことでしょう。

一方、この真面目さが裏目に出てしまうこともあります。屈折した気持ちやアンビバレンツな気持ちを抱く子ども（例えば、不登校の子どもは「学校に行きたい・行かねばならない」という気持ちと同時に、「行けない・行きたくない」という相反する気持ちをもっていることが多いものです）とかかわる際に、教師側があまりにも〝直球勝負〟に出てしまい、結果、裏目に出てしまうことがあるのです。

また、真面目であるがゆえに、教師自身が苦しむことも少なくありません。「自分がこの子の担任でよいのだろうか」「もっと頑張るべきではないか」などと、結果的に自分を責めてしまいます。楽観的思考になりにくいのです。

しかし、あえて私は言いたいのです。真面目で誠実であることは大事なことです。いつかは子どもや保護者に通じていくのです。真面目に努力して「楽観的思考」や「要領のよさ」を身につけることで、自分を救っていくようになります。真面目であるという長所は必ず活きるのです。

献身力

「お金にもならないのに、よくやるなあ」と思うことがあります。先生方は実に多くの時間を仕事に費やします。何か事が起きれば、何時までも学校に残り、家庭訪問をし、関係機関を訪ねます。帰宅してからも教材づくりをし、休日も登校して部活の指導を行ったりします。そこには労働対価といった概念はなく、献身の心だけがあるのではないでしょうか。他の職業のように労働対価を計算したら、もっと多くの金銭的対価を得てもよい先生がたくさんいることでしょう。自分の健康を省みないほど献身的に教師という仕事に打ち込む先生も少なくありません。バーンアウトという危機と背中合わせの状態にあるとも言えます。

もちろん、私は自分の健康を害してまでやみくもに打ち込むことがよいと言っているのではありません。しかし、子どもが苦しんでいるのを見たり、子どもが行き詰まっていたりするのを知ったとき、わが身を省みずに「そうせざるを得なくなる」のも事実なのです。他の職業の人から見れば、不可思議にも思えるほどのこの力を、私は「献身力」と言いたいのです。

健康力

基本的に、教師のもののとらえ方は健康で前向きです。

私は、教師にとってはその健康な視点と行動力こそが大事であると考えています。不適応に陥りエネルギーの弱くなった状態のクライエントとかかわるカウンセラーとは対照的に、教師がかかわる子どもたちの多くは、エネルギッシュで元気で、健康だからです。

教師はときに子どもたちの前で、光り輝かねばなりません。子どもたちをしっかりリードしていくことも必要です。子どもに負けない健康力が必要なのです。

あえて求めるならば、健康力と同時に、エネルギーの弱い子どもにかかわる力ももってほしいと思います。光が消えかかっている子どものそばで、その子の光が消えないようにそっと守ってあげる力です。学校カウンセリングはそうした力をつける方法でもあるのです。健康力とカウンセリング的対応力を行き来できる心の幅が必要なのです。

ピュア力

ときどき「教師は世間知らずだ」と言われることがあります。社会性のところでも紹介したように、教師自身からそうした批判が聞かれることもあります。でも私は、「世間知らず」を恐れないことを先生方に提案したいのです。

教育とは理想に基づいて子どもを育てることです。大人たちが現実に果たし得ないことを子どもたちの前提とせず、せめて子どもたちは未来に向かってこうあってほしいという願いをこめた仕事なのです。理想を教える教師が、俗世間からややずれていてもよいではないか、と私は思います。

いつの世の中でも、世間がいつも正しいとは限りません。社会の常識（になってしまったこと）が正しいこととは限らないのです。そうした意味では、教師くらいは時代に逆行した面をもってもよいと思います。私はそれを「ピュア力」と呼びたいのです。

親に話したら「そんなこと世の中には通じないよ」と笑われたけど、先生に話したらじっと耳を傾けて聞いてくれた、そんな体験を子どもがもてたらいいなあと思うのです。

人間関係持続力

先日、私の家内が高校の音楽部の同窓会に行ってきました。結婚後は故郷を離れていたため、四〇年ぶりに会う人がほとんどだったそうです。彼女からよく聞いていた音楽の先生をお招きしたとのことでした。足が不自由になられたものの、先生はすこぶるお元気で延々とあいさつを続けられたとのことでした。参会者みんなが感激したのは、先生が一人ひとりのことを実によく覚えていて、いまでも「自分が、もう少しこうしてあげればよかったなあ」と語られたことです。教え子の誰もそんなことは思っていないのに、先生の中には教師としての「し足りなかったこと」が、ずっと残っていたのです。

私がその先生のことをよく知っているのは、毎年年賀状をいただくからです。文字が少しずつかぼそくなっていき、ここ二、三年は印刷した年賀状でした。しかしそれでも、かつての教え子に年賀状を出し続けているのです。

福島の田舎で小学校の校長をしていた私の祖父も、この先生のように実に多くの教え子と年賀状のやりとりをしていました。発売と同時に郵便局に年賀ハガキを買いに行き、秋の終わり頃からコツコツと書き続けるのです。仙台に移住してからは、福島から仙台まで、教え子が祖父や祖母（祖母も小学校の教師でした）を訪ねてわが家にやって来たり、同窓会に夫婦で招かれたり、教え子から長年にわたってわが家に梨が送られて来たりと、子どもの頃の私はその関係の深さに内心驚いていました。

いまはどうでしょうか。子どもたちには塾やスポーツクラブなどにも「私の先生」がいる時代となりました。子どもや保護者の先生とのかかわりも変わってきているかもしれません。しかしそれでも、先生方はかつての子どもたちのことをよく覚えていて、その後もさまざまなかたちでのかかわりをもっている先生もまだたくさんいることと思います。他の職業では、職務の切れ目が職業的かかわりで出会った人との関係の切れ目でもあることが多いのです。こうした人間関係持続力は、教師のもつ特徴的な能力でもあるのです。

超年齢力

「超年齢力」、これは私の造語です。先生方は子どもと遊ぶときには子どもになり、子どもを注意するときには親になり、職員会議では論理的に語る大人になり……というように年齢を超えて行動することができます。交流分析で言うとエゴグラムの、厳格な親、保護的な親、成人、子ども（時にはフリーチャイルドにも）を自在に行き来する存在とも言えるのです。年齢を超える力とも言えます。子どもたちには、この力が大きい先生ほど楽しいのではないでしょうか。メリハリがきいた指導が可能になるのはこの超年齢力の高い教師かもしれません。

カウンセラーは覚めていて、ときどき他業種の人から敬遠されることがあります。私の教え子のカウンセラーが、勤務先の病院での医師や看護師、薬剤師、事務職員、そして患者さんも含めたバレーボールやバーベキュー大会に積極的に参加しなかったという報告を病院側から受けたことがあります。彼女は「みんなではしゃいだりすることが好きではない」と私に説明しましたが、学生時代からコンパなどでも一人覚めているほうでした。「難しいなあ」と私は思いました。そうした側面が、ある意味で心を病んだクライエントの心に近づいていくことにつながっているのかもしれませんが、組織の中で人間関係を築いていくには不十分なのです。

教師のもつ超年齢力は、子どもとの年齢関係ばかりでなく、教師が学校という組織の中で生きていくための〝隠し味〟の機能を果たすものかもしれません。

4　心の基礎の再構築・再構成のヒント

最後に、心の基礎を再構築・再構成するためのヒントを、私なりに挙げておきたいと思います。

修正能力

私は保護者に子育てのことでお話しするときに、必ずこう言います。

「完全な子育てなんかありません。間違わないように、完全に、と思って子どもを育てるのでは、子どもを育てる喜びも楽しみもなくなってしまいます。親はまず、そのときいろいろ考えて、『よかれ』と思うことをやってみるとよいのです。もし親の投げかけたものが、その子にとって重すぎた、早すぎた、さびしすぎた、というときには、子どもは何らかの形でそれを親に訴えることでしょう。できれば、それを親が、あるいは保育者が、あるいは教師が気づいてほしいのです。気づいて立ち止まることが大事です。立ち止まって、何が足りなかったのか、何が多すぎたのかを考え、修正すればよいのです。子育てに大切なのは、この修正能力なのです」と。

教育にもこのことが言えると思うのです。教師はそのときそのときの判断で、自分がよいと思うことをしています。しかし、それが本当によかったのかということはわかりません。子どもたちが「生き生きしている」「活発に発言する」「楽しそうだ」「学校に来るのを楽しみにしている」「みんな仲良くしている」といった姿が、一つの指標になるでしょう。もし思いどおりにいかない場合には、立ち止まって修正すればよいのです。「意地を張らない」ことがポイントです。意地を張ると、見えるものも見えなくなるからです。投げかけては修正し（子どもたちの不適応に気づく方法が、第1章の「言葉にならない〈ことば〉」です）、投げかけては修正することで、少しずつ正確に投げかける方法が身につくはずです。

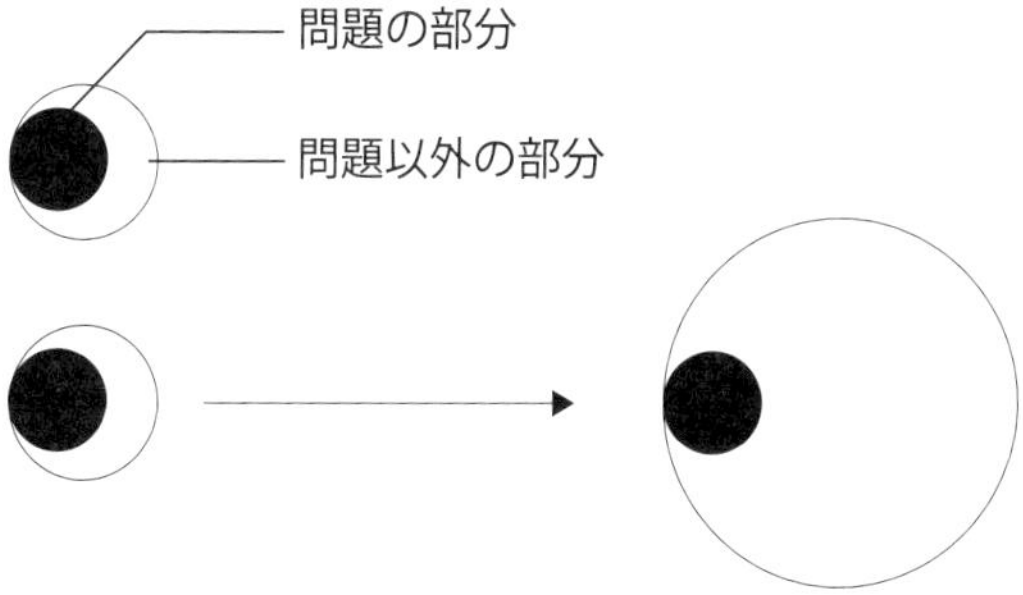

問題以外の部分をふくらます

よい部分をふくらます

これは私が相談でよく使う方法です。何か問題が生じたときその問題を解決しようと努力することはもちろん大切なことですが、なかなか効果が上がらないことがあります。そんなときには、上の図のようなイメージを抱くのです。

私たちは困って心にゆとりがなくなると、どうしても思考が固くなり、問題だけにこだわってしまいます。すると関係も固定化し「先生はいつも怒ってばかりいる」というように悪循環の構造に近づいていてしまいます。

こんなときは、問題以外の部分に目を向けて、それをふくらませるという発想の転換が必要なのです。そうした問題以外の、健康的な部分を大きくしていくことで、相対的に問題が小さくなっていきます。健康的な部分が十分に大きくなると、子どもの心にもゆとりが生じ、素直になったり柔軟になったりするものです。問題でない部分をたくさん発見する力と、問題にかかわらず、よい部分は「よい」とほめる度量が大切です。

つまずきから学ぶ

私たちは失敗すると、できるだけそのことを思い出したくない、蒸し返したくない、という気持ちになります。しかし、失敗にこそ、私たちを成長させる多くの情報が埋もれているのです。失敗は宝の山です。

教育相談員時代にたくさんの失敗をしました。しかし、うまくいかないケースとは、そのときの自分の力量では解決できない問題をもっているのだということが、あるときわかりました。そのときの自分より、問題のほうが一回りも二回りも大きいのです。そうして、もがくようにあれこれ調べたり試したりしているうちに、いつしかその問題をクリアしていることがありました。

そして、しばらくは等身大の問題が続くと、相談はうまくいきます、再び自分の力量を上回る問題に出合う、そしてまた試行錯誤する……の繰り返しを、何度もやってきました。いまでもしています。

自分がうまくいっているときは「神様から遠い」と私は思っています。私の中にどこか謙虚さが欠けてしまうからです。うまくいかずにつまずいているときは「神様に近づいている」と思います。そう思うと、つまずきがありがたく思えるのです。

葛藤から得る

「やりたくないけれど、やらなければならない」——こんな葛藤を抱えることはありませんか。実は私は子どもの頃から、そうした葛藤の多いほうでした。

自分としては好きなことだけやっていたかったのです。しかし、試験勉強はしなければなりません。受験のときもそうでした。いつも葛藤状態で勉強していたように思います。勉強が嫌いなわけではなかったのですが、自分ではこんなもの自分には必要ないと思ったことでもやらねばならない状態に腹を立てていたのです。子どもの頃のやりたいこととは、模型をつくること、何か実験をすることでした。思春期に入ってからは、好きな本を読むことでした。

しかし、いま考えると、そのとき、やりたいことだけをしていたら本当によかったか、と考えると、私の場合は「否」なのです。その後の人生で、やりたくない、やっても意味がないと思ったことをやらねばならない場合がたくさんあったからです。いつしか、私なりに葛藤する力だけは以前よりも鍛えられました。そしていま思うことは、「葛藤の中には自分の存在にかかわるテーマが隠れている」ということです。「なぜ、葛藤するのか」の中に自分の本質とつながる大事なテーマがあるのです。

例えば、教師として「どうもあの子が好きになれない」「○○先生とは一緒に組みたくないけど、やらねばならない」という葛藤を抱えたとします。その場合、「あの子」も「○○先生」も、あなたにとっては実は大事な人なのです。なぜなら、あなたがいま理解している自分よりももっと奥にある自分に出会わせてくれるからです。

もう一つ、葛藤がもたらすものがあります。それは葛藤能力とも言うべきものです。葛藤能力のない人は、例えば守秘義務を守ることができず「王様の耳はロバの耳」と叫んでしまうかもしれません。子どもの成長を見守ることも、葛藤の連続です。教育の場で投げかけることは、すぐに実ることばかりではないからです。また、問題解決がスムーズにいかないとき、葛藤能力の弱い人はすぐ投げ出したり、妥協したりしてしまいます。しぶとく問題に取り組み、忍耐強く解決していくためには、葛藤能力が必要なのです。

葛藤から得ていくものもたくさんある――あなたが何か心に葛藤を抱えたときに、少しだけこのことを思い出してくれるとよいのですが。

ファジー力をつける

ファジー力とはあいまいさに耐える力、あいまいさを自分の方法として使うことのできる力です。教育場面では、白か黒かはっきりしないことが少なくありません。また、子どもの側にもあいまいな態度しかとれない子どもがいます。あいまいさに対しての葛藤能力に欠けると、何でも割り切りたがります。もちろん教育上善悪の区別をはっきりしたり、表現をわかりやすく明快にすることは大事ですが、私たちの心の中にはあいまいさを大事にする思考法や態度を保っておきたいものです。

例えば、ある子が発達障害か否かがよくわからないことがあります。保護者が診断を求めない場合や、医療機関でも判断がつかない場合です。しかし、教師はその子に発達の障害があるかどうかわからなくてもかかわらねばなりません。「はっきり診断がつかないとかかわれません」と言うことはできないのです。発達障害か否かは、いったん保留にしておいて、そのときできる限りのことをする――そうした姿勢が求められるのです。

また、ファジー力が弱いと、あいまいな態度の子がひどく気になり、受け入れがたくなります。教師のほうがイライラしてしまい、短絡的な行動になってしまうことがあるのです。不登校児童生徒と学校とのかかわりでも、そうした問題が生じることがあります。

ファジー力をつけることで、私たちは心のゆとりをもってかかわることができるようになるのです。

教師ならではの〈心のエネルギー〉の与え方を発掘する

先生は〝魔法の力〟をもっています。同じ言葉でも、お父さんに言われたときよりも先生に言われたときのほうが、よく入ります。先生とすれ違ったときの先生の〝ニッコリ〟で、元気が湧いてくる子どももいます。先生から「すばらしい絵だ」言われたことがきっかけで、高名な画家になった人もいます。この、教師ならではの〈心のエネルギー〉の与え方をたくさん発掘するのです。

研修会などで、自分が先生から言われて嬉しかった言葉、いまでも心に残っている言葉を出し合ってみてはいかがでしょうか。あらためて〝魔法の力〟を発見するのではないでしょうか。

心の基礎――「心のピラミッド」の底辺をさらに広げる

「心のピラミッド」をもう一度思い出してください。このピラミッドを安定した大きなものにするためには、底辺を広げる必要があります。教師にとって「心のピラミッド」の底辺を広げるとは、時間的にゆったりと物事を見ていく視点をもつこと、自分の興味関心を広くしていくことです。時間的展望という概念が心理学にはあります。時間的展望を長くもてる人は、焦らずに物事に取り組むことができることでしょう。しかしそのためには、自分の時間展望を信じることが必要です。あるいは他人の時間展望を信じることが。

また、興味関心を常に広く心がけることで、さまざまな人との接点が増えていきます。子どもたちと心を通わせるとき、保護者と心を通わせるときに、重なり合う部分が少しでも多いと、それだけ心理的距離が縮まることでしょう。

教師という仕事は、実に多くの人と出会います。そうして出会う子ども、保護者、同僚・管理職から、自分にはないものをたくさん学び、底辺をいっぱい広げていくことが可能となるのではないでしょうか。

他者の中に「宝」を発見する

第3章1節で〈人間のよさ〉体験について述べました。他人の中に〈よさ〉を見いだすことは、それぞれの「心のピラミッド」の中にある宝物探しとも言えます。そう考えると、楽しくなりませんか。

あなたが出会うたくさんの人々の「心のピラミッド」の中に、たくさんの宝を発見することを祈っています。もちろん、あなた自身の「心のピラミッド」の中にも。

あとがき

　小学校低学年の頃、私は元気のない子どもでした。学校に行くとクラスの友達がまぶしく見えて仕方がなかったのです。家では母がいつも病気で床に伏せていました。母の神経に触らないように、家によその子が遊びに来ないようにしなければなりませんでした。友達もそう親から言われているのか、あまり来ませんでしたが、たまに遊びに来る子がいると、私は居留守を使ったりして、子どもなりに気苦労しなければなりませんでした。

　私には大事な〝仕事〟がありました。それは、寝ている母の世話をすることと、病院に母のための薬を取りに行くことです。遊びに行く時間はありませんでした。いつしか私は、病床に伏す母の屏風を隔てたかたわらで一人遊びすることが好きな子になっていました。

　そんな私が、今で言うと不登校にならなかったのは、先生方のおかげでした。学校に行くといろんな先生方が私の心に元気をそそいでくれたのです。「お母さんのお世話、えらいね」とほめてくれる先生もいました。廊下ですれ違うときに、「か・ん・の・くん」と名前を呼んでくれる先生もいました。「ぼくが、がんばっていることをわかってくれているんだ」と私は思いました。私の顔を見ると、ニコッとしてくれるだけの先生もいました。先生方が、私の心にスイッチを入れてくれて、消えかかっている私の心に明かりをともしてくれたのです。

＊

大学で臨床心理学を専攻し、いつしか私は教育相談員の仕事につきました。「困っている子どもを応援する」「お母さんを支える」というテーマが、私の心の底流に流れていたのだと、今は思います。同時に、学校の先生方とも研修会や研究会などいろんな機会にかかわるようになりました。また先生方から、個人的に、クラスの子どもの指導の方法について、保護者とのかかわり方について、同僚や管理職との人間関係の悩みについて、あるいはご自分のお子さんの問題について、相談を受けたりすることも増えました。

先生方の中には、心のゆとりがなくなり、指導のためのアイデアが涸渇状態の先生もいます。意欲ばかりが空回りし焦りの中にいる先生、子どもや保護者からの言葉に傷ついた先生、心身ともに疲労困憊している先生もいます。そうした先生方とかかわるとき、私の心にあったのは、子どもの頃、元気のない私を励まし、心のエネルギーをたくさんそそいでくれた先生方の姿です。

先生方は、本当は子ども心に元気を与え、保護者に子どもを育てる喜びを与え、仲間どうし切磋琢磨し自己成長を遂げる力を持っているのに、心が逆回転してしまい悪循環に陥ってしまうこともあるのです。なんとか心のスイッチを切り替え、心のエネルギーがこれまで通り循環するようになって欲しい——それが本書の執筆のきっかけでした。

子どもの頃の私が、先生方からそうしていただいたように、いまの私が少しでも先生方のお役に立てばと願いつつ、本書を書きました。

本書執筆にあたっては、ほんの森出版、兼弘陽子さんの大きな支えをいただきました。心より感謝いたします。

二〇〇九年五月

菅野　純

著書一覧

●子どもの心の理解の仕方

『子どもの見える行動・見えない行動』（瀝々社）

『心の声、聞こえてきますか』（瀝々社）

●学校教育の場でカウンセリング的な理解やはたらきかけ方をどのように活かすか

『教師のためのカウンセリングゼミナール』（実務教育出版）

『教師のためのカウンセリングワークブック』（金子書房）

『教師のためのカウンセリング実践講座』（金子書房）

『子どもの心を育てる「ひとこと」探し』（ほんの森出版）

『子どもの問題と「いまできること」探し』（ほんの森出版）

『武道－子どもの心を育む』（日本武道館）

●子どもの問題各論

『いじめ－子どもの心に近づく』（丸善出版）

『不登校－予防と支援Ｑ＆Ａ 70』（明治図書）

<著者紹介>

菅野　純（かんの・じゅん）

早稲田大学人間科学学術院心理相談室長。早稲田大学教授。臨床心理士。臨床心理学、発達臨床心理学専攻。

1950年、宮城県生まれ。1973年から14年間、東京都八王子市教育センター教育相談員として、2歳から20歳までの子どもたちの様々な問題の相談業務に従事する。1987年から早稲田大学人間科学部教員として、学校カウンセリング、教育臨床、臨床と文化などの授業・ゼミを指導。並行して東京都・神奈川県の教育相談機関や情緒障害学級のスーパーバイズや学校のコンサルテーションを行う。

教師の心のスイッチ
心のエネルギーを補給するために

2009年7月20日　　初版発行

著　者　菅野　純
発行人　兼弘陽子
発行所　ほんの森出版
〒145-0062　大田区北千束3-16-11
TEL 03-5754-3346　fax 03-5918-8146
URL http://www.honnomori.co.jp/

印刷所・製本所　研友社印刷株式会社
ISBN978-4-938874-66-7 C3037 ¥1600E